W0273069

Der Alltagsprofi

Mosaik bei
GOLDMANN

# Inhalt

# Tipps und Tricks im Haushalt

# Wohnzimmer

## Wie bekomme ich Fenster endlich streifenfrei?

Ein Drittel aller Haushaltsunfälle ereignen sich beim Fensterputzen, denn viele Hausfrauen stürzen sich vor Verzweiflung von der Leiter: Die hässlichen Streifen auf den Scheiben verschwinden einfach nicht.

Um dem vorzubeugen, geben Sie etwas Shampoo ins Wischwasser, das wirkt Wunder. Sie können stattdessen auch Haushaltsessig – ideal für Milchglasscheiben –, Spiritus, Salmiakgeist und selbst Reinigungsschaum für Autos verwenden.

Generell gilt: senkrecht einschäumen, waagrecht abziehen.

Profis benutzen für die noch tropfnasse Scheibe ein Fell aus dem Gebäudereinigungsbedarf, für den normalen Haushalt genügt ein Mikrofasertuch oder ein Fensterleder aus echtem Leder – achten Sie beim nächsten Kauf auf die genaue Bezeichnung.

Wenn Sie ein herkömmliches Fensterputzmittel verwenden, sollte es tensidfrei sein. Steigen Sie nämlich gerade auf Mikrofasertücher um, kann es sein, dass noch

Streifen bleiben, denn die alten Seifenreste müssen erst verschwinden.

Fensterleder sollten Sie nach dem Putzen in lauwarmem Salzwasser auswaschen.

Zeitungspapier wird gern zum Nachreiben benutzt; dabei sollten Sie auf Farbseiten verzichten. Besser eignen sich jedoch alte Strumpfhosen – damit ist es auch nicht so anstrengend.

Beklebte oder stark verschmutzte Fenster bekommen Sie wieder klar, wenn Sie den Schaber für den Ceranherd ansetzen.

Und putzen Sie niemals Fenster, wenn die Sonne reinscheint. Die Scheiben müssen im Schatten liegen, sonst ist alle Mühe vergebens.

## Marmor pflegen

Fette und Säuren sind tödlich für den edlen Stein. Deshalb dürfen Sie niemals Gläser oder Teller auf Marmor abstellen.

Entfernen Sie Verschmutzungen sofort mit einem feuchten, am besten in Sodawasser getränkten Lappen. Empfehlenswert ist auch, die Stelle mit Schlämmkreide (aus der Apotheke) und Seifenlauge abzuwaschen.

Hartnäckige Flecken sollten Sie kurz mit Zitronensaft einreiben und sofort mit klarem Wasser nachspülen, denn Marmor verträgt Zitronensäure nur dosiert, Essig und Scheuermittel überhaupt nicht.

Hinterher können Sie den Marmor mit farbloser Schuhcreme, Bohnerwachs oder einer Mischung aus gelbem Wachs und Terpentin einreiben und mit einem weichen Tuch polieren. Dann glänzt der Marmor nachhaltig.

Klebrige, feste Stoffe wie Kaugummi und Nagellack lassen sich entfernen, indem man Vereisungsspray auf die Flecken sprüht und sie danach vorsichtig mit einem Gummi- oder Holzhammer abklopft.

Kleine Sprünge und Risse können mit Zahnpasta kaschiert werden, für größere besorgen Sie sich Spezialkitt aus dem Baumarkt oder stellen ihn folgendermaßen selbst her: Verrühren Sie vier Teile Gips und einen Teil pulverisiertes Gummiarabikum in wenig Wasser zu einem dicken Brei und tragen Sie ihn anschließend dick auf. Mit einem Spachtel entfernen Sie überquellendes Material. Oder Sie rühren vier Teile Schlämmkreide und einen Teil Kaliwasserglas an und verfahren wie oben beschrieben. Sie müssen den Kitt unbedingt sofort verbrauchen und Kinder fernhalten, denn Wasserglas kann beim Verschlucken tödlich sein. Oder – die dritte Möglichkeit für ehrgeizige Bastler: Man mixt weichen Käse (besser noch Kasein aus dem ökologischen Farbhandel) mit gelöschtem Kalk, bis eine weiche Masse entsteht. Dabei sollten Sie Schutzbrille und Handschuhe tragen, denn Kalk ätzt. Bei Verbrennungen müssen Sie die Stelle sofort abwaschen. Wie üblich sollten Sie die Masse rasch auftragen und sauber verspachteln. Alle genannten Marmormörtel werden sehr hart und halten lange.

## Wie rette ich meinen Teppich vor Flecken, Löchern und Hundehaaren?

Schnell ist es passiert, und schwer ist das Übel zu entfernen: bösartige und klebrige Flecken im Teppich und in der Auslegware.

Sprudelndes Mineralwasser wirkt meist Wunder. Wenn das nichts hilft, sprühen Sie Glasreiniger, Rasierschaum oder Feinwaschmittel auf die Unglücksstelle und rubbeln mit einem Tuch hinterher – natürlich sollten Sie jeweils nur eins der Mittel verwenden.

Brandflecken und kleine Löcher können notfalls geflickt werden. Schneiden Sie hierzu mit einer Rasierklinge oder einem Teppichmesser das Brandmal heraus. Bürsten Sie dann den Teppich kräftig und sammeln Sie die an den Borsten hängen gebliebenen Fädchen. Tropfen Sie etwas Alleskleber in die Lücke und verstopfen Sie sie mit den gewonnenen Härchen. Rücken Sie nun ein schweres Möbelstück darauf, um die Härchen fest anzudrücken.

Abdrücke von Möbeln in Teppichen werden Sie mit einem Dampfbügeleisen, wahlweise Bügeleisen und feuchtem Tuch, wieder los – einfach wegbügeln. Dabei sollten Sie mehr Dampf, Geduld und Kraft als Hitze verwenden. Wichtig ist ebenfalls, den Flor hinterher aufzubürsten.

Hunde- und Katzenhaare scheinen von der Natur so gemacht worden zu sein, dass sie gern an Teppichen und Polstermöbeln haften bleiben, aber von dort nicht mehr wegzukriegen sind. Versuchen Sie es mit einem Teppichklopfer, einem in Spiritus getränkten Schwamm, einer feuchten Feinstrumpfhose oder mit einem Kreppklebeband.

Übrigens, Teppiche leuchten wieder wie neu, wenn Sie sie mit Essigwasser bürsten oder mit der Oberseite ein paar Stunden auf Pulverschnee legen.

Und noch etwas: Einmachgummis unter dem Teppich verhindern übles Rutschen.

## Auf sicherem Parkett: Pflege von Holzböden

Immer wieder gibt es Probleme zwischen Mietern und Vermietern: Wie gut muss das Parkett erhalten sein? Was sind übliche Verbrauchsspuren, die der Vermieter akzeptieren muss? Wann muss der Mieter renovieren?

Reinigen Sie Holzböden mit möglichst wenig warmem Wasser und einem Schuss Allzweckreiniger oder Salmiakgeist.

Schwarzer Tee gibt ihnen neuen Glanz und beseitigt nebenbei kleinere Flecken. Auch Babyöl im Wischwasser bringt den Boden zum Glänzen.

Schwarze Streifen von Gummisohlen oder Stuhlrollen lassen sich mit einem Radiergummi beseitigen.

Reiben Sie hartnäckigere Flecken mit Spiritus oder Leinöl ein und wischen Sie nach einiger Zeit mit warmem Wasser darüber.

Kleine Kratzer können Sie mit Möbelpolitur in der passenden Farbe überdecken, größere vorsichtig mit Stahl-

wolle abschleifen, den Staub abwischen und anschließend mit Parkettlack versiegeln.

Risse lassen sich mit einem Teig aus zwei Teilen feinem Sägemehl, einem Teil Schlämmkreide und etwas Leim füllen. Im Baumarkt gibt es auch Reparatursets mit Wachs und Kitt.

## Spuren im Holz

Schränke, Möbel, Fußböden aus Holz haben den Nachteil allen Lebens: Sie verändern sich mit dem Alter, und meist sind wir, ihre Besitzer, daran schuld. Deshalb sollten wir unseren Freunden aus Ahorn und Buche auch mal eine Schönheitsbehandlung gönnen. Statt Pinzette und Puder brauchen wir dazu Stahlwolle, Vaseline, Schuhcreme, Bier und mehr.

Wasserränder verschwinden manchmal, wenn man sie mit einer Paranuss (dem Kern, nicht der Schale) abreibt. Hartnäckigere Wasserflecken sollten Sie mit Glaspapier oder feinster Stahlwolle immer in Richtung der Maserung abschleifen und mit Terpentin abreiben. Hinterher ist Wachsen und Polieren angesagt.

Kleine Kratzer kann man mit Vaseline oder Bohnerwachs abdecken – nach einem Tag mit einem Tuch ins Holz reiben. Danach gilt es, die Rückstände zu entfernen und wie üblich zu polieren.

Größere Kratzer können Sie mit passender Wachsmalkreide ausbessern und mit farblosem Nagellack überstreichen.

Kratzer in hellem Holz werden mit farbloser Schuhcreme unsichtbar. Oder Sie reiben eine halbierte Haselnuss darüber.

Dunkle, stumpf gewordene Möbel sollten Sie mit einer Mischung aus Rotwein und Olivenöl im Verhältnis eins zu eins einreiben. Danach ist es wichtig, das Möbelstück sofort trocken zu polieren. Bei hellen Möbeln nimmt man Weiß- statt Rotwein.

Eichenmöbel können Sie mit lauwarmem Bier abwaschen und danach mit einem Stück Leinen trocken polieren. Oder Sie schmelzen Wachs im Wasserbad, geben zwei Esslöffel Zucker dazu und streichen die Masse auf die schäbigen Stellen. Nach dem Trocknen sollten Sie die Stelle mit einem weichen Tuch polieren.

Um Nussbaummöbel auf Vordermann zu bringen, schälen Sie eine frische Walnuss und brechen den Kern so entzwei, dass eine möglichst große Bruchstelle entsteht. Damit reiben Sie über den Kratzer, bis er verschwindet. Nussbaummöbel sollten Sie immer wieder mal mit frischer Milch einreiben, dann freuen sich noch Ihre Enkel daran.

Kratzer im Mahagonimobiliar können Sie mit einem passenden Wachsmalstift bemalen, mit braunem Wachs auf Hochglanz polieren oder Jodtinktur auftragen. Das gilt auch für rote chinesische Möbel.

Bei Ahorn mischen Sie Jodtinktur und reinen Alkohol eins zu eins und tragen die Lösung mit einem feinen Pinsel oder einem Wattestäbchen auf. Wie immer lassen Sie die Stelle anschließend trocknen, wachsen und polieren sie.

Kratzer in Ebenholz oder schwarzen Klaviertasten lassen sich mit schwarzer Schuhcreme, Augenbrauenstift oder schwarzem Farbstift kaschieren.

Leimreste auf Möbeln entfernt man mit etwas Gesichtscreme oder Speiseöl.

Unbehandeltes Holz sollten Sie gründlich mit Soda- oder Seifenwasser abbürsten und hinterher mit abgekochtem Leinöl einstreichen.

Geschnitzte Möbel lassen sich am besten mit einer alten Zahnbürste reinigen. Für feine Spalten schnüren Sie Zahnseide um ein Poliertuch und zwirbeln so den Schmutz aus den kleinsten Kerben.

Da holt man die schönen Gartenmöbel aus dem

Schuppen oder ist stolz auf seinen alten Teaktisch, und dann sehen die teuren Dinger aus wie aus einem Schiffswrack geborgen? Teak ist zwar sehr robust – 13 Jahre Standdauer nach DIN-Norm –, trotzdem muss es je nach Zustand und ästhetischem Anspruch alle ein bis drei Jahre behandelt werden. Reinigen Sie das Holz mit einer lauwarmen Seifenlauge, aber sparen Sie mit der Seife. Im trockenen Zustand verteilen Sie Teaköl (aus dem Baumarkt, Farb- oder Holzhandel) mit einem fuselfreien Lappen oder einem Pinsel immer in Maserrichtung auf dem Holz. Nach einer Stunde wischen Sie überflüssiges Öl ab, polieren das gute Stück – dann glänzt es wieder – und lassen es etwa zwölf Stunden trocknen, aber nicht in der prallen Sonne. Teaköl ist ungefährlich und nicht umweltschädlich.

Kratzer im Teak können Sie vorsichtig mit feinster Stahlwolle abreiben und dann mit einer Mischung aus Terpentin und Leinölfirnis einreiben.

Bootsbesitzer gönnen ihrer Teakverkleidung noch eine besondere Pflege. Aus der Golden-Teak-Serie gibt es *Cleaner* für stark verschmutztes Holz, *Brightener*, der ähnlich wie das Teaköl die ursprüngliche Farbe wieder hervorbringt, und *Sealer*, ein versiegelndes Harzöl, das aber keine Schicht bildet.

## Wie bleiben Blumen frisch?

Rosen, Tulpen, Nelken – kaufen Sie immer beim selben Händler. Als Stammkunde wird er Ihnen keine alten Blüten andrehen. Frische Tulpen sollten alle die gleiche Länge haben, denn sie wachsen noch nach dem Schnitt.

So erfreuen Sie sich noch länger an Schnittblumen: Durchbohren Sie unten die Stile mit einer Nadel, das verstärkt die Wasseraufnahme. Empfehlenswert ist außerdem, alle Blumen schräg anzuschneiden, in lauwarmes Wasser zu stellen und dieses täglich zu wechseln. Entfernen Sie schwimmende oder untergetauchte Blätter.

Sind die Blüten aufgegangen, verzögern Sie den Reifeprozess durch ein paar Tropfen Baldrian und, bei großer Hitze, mit Eiswürfeln. Jeden Tag eine Prise Zucker ins Wasser, und die Pflanzen verhungern nicht. Gegen Bakterien gibt's Mittel im Blumenladen, oder Sie geben einen Spritzer Obstessig in die Vase. Geht die Blütezeit zu Ende, dopen Sie die Blumen mit Aspirin; dann bleiben sie länger frisch.

Nelken halten sich länger in Zitronenlimonade als in Wasser. Wenn Rosen schon kurz nach dem Kauf in der Vase die Köpfe hängen lassen, tauchen Sie die Stiele wenige Sekunden lang in kochend heißes Wasser.

Wollen Sie einen Haltbarkeitsrekord aufstellen, wickeln Sie den Strauß abends in feuchtes Zeitungspapier und lassen Sie ihn im Gemüsefach des Kühlschranks oder im Keller übernachten.

## Was gehört in eine Hausbar?

Cocktails unterliegen genauso Modetrends wie Partyhäppchen, Ohrringe und Badezimmerleuchten. Whiskey und bunte Liköre treten zunehmend in den Hintergrund, dafür spielen Wodka und weißer Rum inzwischen die Hauptrolle.

Mit diesen beiden können Sie bereits viel anstellen, doch in eine echte Bar gehören als Grundausstattung noch in der Reihenfolge ihrer Wichtigkeit: Gin, weißer, trockener und roter Wermut, dunkler Rum, Sekt, Campari, Bourbon, Apricot-Brandy, Tequilla und Cointreau. Nichtalkoholische Standards sind Lime, Zucker- und Grenadinesirup, Orangen-, Tomaten- und Zitronensaft, Sodawasser, brauner und weißer Zucker, Pfefferminzblätter, Limetten und Eiswürfel. (Die gibt's übrigens manchmal bei netten Fast-Food-Restaurants gratis, auch in großen Mengen. Fragen Sie den Geschäftsführer.)

Ein dreiteiliges Basis-Set für den Hobby-Mixer kostet etwa 60 Euro. Oder Sie fangen mit einem Shaker an (circa 30 Euro), nehmen statt des Barsiebs ein kleines Teesieb, benutzen Ihren Pürierstab als Blender, ein 2-cl-Schnapsglas als Messbecher und, wenn niemand zuschaut, den Stil eines Holzlöffels als Muddler, um für Caipirinha die Limetten zu zerstoßen. Chinesische Essstäbchen lassen sich zum Rühren zweckentfremden. Korkenzieher, Zitronenpresse, ein scharfes kleines Messer und ein Brett haben Sie wohl sowieso.

Für Longdrinks können Sie fürs Erste größere Wassergläser (200 cl) und für Cocktails dickwandige Whiskeygläser verwenden, bevor Sie sich Cocktailschalen, Tumbler oder Pousse-Café-Gläser zulegen.

Übrigens, alle, wirklich alle Gläser mit Stiel hält man auch da. Das gilt für Wein, Pils, Sekt und Cocktails. So viel Stil muss sein.

## So hält der Weihnachtsbaum

Jedes Jahr dieselbe Frage: Soll man den Weihnachtsbaum frühzeitig besorgen, in letzter Minute kaufen, oder ist das egal, da sowieso alle gleichzeitig gefällt werden? Wenn Sie also nicht in den Wald fahren, um sich einen Baum selbst zu fällen – natürlich nur legal in den dafür vorgesehenen Weihnachtsbaumforsten –, dann sollten Sie einige Dinge beim frisch gekauften Baum beachten.

Schlagen Sie ihn beim Transport in Folie ein, öffnen Sie zu Hause das Netz von unten nach oben und lagern Sie ihn stehend auf dem Balkon oder im Garten.

Sägen Sie unten am Stamm eine zwei Zentimeter dünne Scheibe ab und stellen Sie den Baum ins Wasser. Wenn Sie den Stamm zuspitzen, damit er in den Ständer passt, muss das Wasser etwas höher stehen, da der Baum nur über die Rinde Feuchtigkeit aufnimmt. Ein paar Tropfen Glycerin im Wasser, und die Nässe steigt leichter in den Stamm.

In der Wohnung dürfen Sie den Weihnachtsbaum öfter mit einer Blumenspritze besprühen, und wenn Sie dann noch durch regelmäßiges Schocklüften für ausreichende Luftfeuchtigkeit sorgen, nadelt er weniger.

Übrigens, zünden Sie die Kerzen zuerst an der Spitze des Baumes an. Beim Löschen gehen Sie in umgekehrter Richtung vor. Die Feuerwehr wird es Ihnen danken.

# Schlafzimmer

## Wie reinige ich Matratzen und Federbetten?

Die Bettlaken wechseln wir regelmäßig, aber wie sieht es darunter aus? Oh oh, diese dunklen Flecken unserer Vergangenheit sollten eigentlich unser Geheimnis bleiben. Doch alles kommt irgendwann an den Tag.

Wenden Sie Ihre Matratze bei jedem Bettwäschenwechsel – sowohl umdrehen als auch Kopf- und Fußende vertauschen. Stellen Sie die Matratze öfter mal ins Sonnenlicht; das tötet Keime und sorgt für frischen Duft.

Saugen Sie die Schlafstatt mit dem Staubsauger ab und reiben Sie sie mit einer weichen Bürste und ein wenig Feinwaschmittel ab. Rosshaar- und Naturfasermatratzen sollte man nicht klopfen, weil dies ihr Inneres schädigt.

Öffnen Sie die Naht Ihrer Daunen- und Federbetten ein paar Zentimeter und blasen Sie kalte Luft mit dem Fön hinein, dann lösen sich die Klumpen, und das Inlett wird wieder leicht und luftig.

Daunendecken bleiben locker flockig, wenn Sie nach dem Waschen einen oder zwei Tennisbälle in den Trockner geben. Dann entklumpen sich die Daunen.

Staubmilben, die sich sehr gerne in den Matratzen aufhalten, um die Hautschuppen der Schlafenden aufzuessen, sind zwar harmlos, sehen aber unter dem Mikroskop richtig fies aus. Allergiker reagieren auf den Kot der winzigen Spinnentiere mit Grausen und Ausschlag. Halten Sie die Luftfeuchtigkeit unter 50 Prozent, die Raumtemperatur nicht über 18 Grad, kaufen Sie sich einen milbendichten Matratzenbezug im Bettenfachhandel und Niemöl, das macht Staubmilben den Garaus. Sprühen Sie das Niemöl (oder Neemöl), erhältlich in Drogerien und Apotheken, alle zwei, drei Tage auf die Matratze, und nach spätestens vier Wochen ist Ihr Bett milbenfrei.

Nach zehn Jahren sollten Sie sich eine neue Matratze leisten, die alte ist dann buchstäblich durch.

## Was tun gegen Schnarchen?

Das lästige Geknatter macht nicht nur dem Bettnachbarn das Leben schwer. Eine durchschnarchte Nacht erschöpft auch den Schlafenden. Der Kraftaufwand, den die Lunge jede Nacht leistet, ist vergleichbar mit dem eines Joggers, der die ganze Nacht durch den Wald rennt. Männer in den besten Jahren, Raucher und übergewichtige Menschen sägen öfter – ein weiteres Argument, sein Leben zu ändern.

Vermeiden Sie zwei Stunden vor dem Einschlafen Alkohol und schweres Essen. Verzichten Sie auf Schlaftabletten. Schlafen Sie nicht vor laufendem Fernseher ein.

Wechseln Sie Ihre Schlafposition. Den Oberkörper sollte man im Bett erhöht lagern. Sie sollten auf keinen Fall auf dem Rücken liegen; manche Schnarcher nähen sich deshalb sogar Tennisbälle oder Styroporkugeln in die Rückenpartie ihres Pyjamas. Oder Sie wickeln sich eine Binde derart um den Kopf, dass der Unterkiefer nicht heruntersinken kann.

In der Apotheke gibt es außerdem Schnarchpflaster, im Reformhaus ein probates Schnarchöl. Spülen Sie sich vor dem Zubettgehen mit diesem Kräutermix den Mund. Liegt es nur an verstopften Atemwegen, können Nasentropfen kurzfristig Abhilfe schaffen.

Schnarchen kann vielfältige Ursachen haben, und bei größeren Beschwerden wie nächtlichem Atemstillstand oder Sekundenschlaf am Tag – beides kann lebensbedrohlich sein – sollten Sie unbedingt einen Hals-Nasen-Ohren-Arzt aufsuchen. Mit Sauerstoffmasken oder einer Aufbissschiene kann hartnäckigen Schnarchern geholfen werden. Tritt keine Besserung ein, sollten Sie sich in ein Schlaflabor überweisen lassen, eventuell müssen Sie sich gegen die Schlafapnoe sogar operieren lassen. Dabei bohrt man eine winzige Sonde durch die Schleimhaut im Gaumensegel und vernarbt im Inneren unsichtbar einige Zellen. Dadurch wird das Gaumensegel wieder fester und flattert nicht mehr.

## Nie mehr Schnupfen und Erkältung

Schnupfen bekommt man meist nicht durch Tröpfcheninfektion (außer beim Küssen), sondern durch Hände – Ihre eigenen. Fassen Sie zum Beispiel die Haltestange in einem Zug an, die vorher ein Verschnupfter berührt hat, und reiben sich dann im Gesicht, haben es die Viren geschafft. Händeschütteln ist besonders gefährlich, wenn man vorher hineingeniest hat.

Also ziehen Sie in der Schnupfensaison Handschuhe an und reiben Sie nicht in Ihrem Gesicht herum. Waschen Sie sich (noch) öfter die Hände.

Sorgen Sie für ausreichende Luftfeuchtigkeit in Ihren Wohnräumen. In Neubauten und schallisolierten Zimmern sollten Sie vier- oder fünfmal täglich schocklüften und Schüsselchen mit Wasser auf die Heizung stellen oder sie mit feuchten Handtüchern behängen.

Hat es Sie erwischt, spülen Sie sich mit einer warmen Salzlösung die Nase. Rühren Sie zwei Esslöffel Salz (Emser oder normales Speisesalz) in einen Liter kochendes Wasser und ziehen Sie die auf angenehme Temperatur abgekühlte Salzlösung durch beide Nasenlöcher ein. Oder inhalieren Sie über einem heißen Wasserbad mit acht Tropfen ätherischem Öl (Jojoba, Eukalyptus, Teebaum, Minze). Das ist gesünder für die Schleimhäute als die üblichen Nasensprays.

Verschnupfte sollten noch mehr trinken als sonst. Zwei Liter am Tag ist das Minimum.

Nutzen Sie bei einer Erkältung das natürliche Antibiotikum aus dem Garten: Gießen Sie kochendes Wasser über eine halbierte Zwiebel und trinken Sie die Brühe nach zehn Minuten, gerne mit Zucker versüßt. Oder Sie höhlen einen Rettich aus und füllen ihn mit Kandiszucker. Stellen Sie die Wurzel in ein hohes Glas; am nächsten Tag hat sich darin ein wohlschmeckender Hustensaft gebildet. Brustwickel aus heißem Quark in Handtüchern helfen gegen Bronchitis.

Gesundheit!

## Schmuck reinigen und aufbewahren

Gold und Silber glänzen wieder, wenn Sie den Schmuck in aufgelösten Gebissreiniger legen oder mit weißer Zahnpasta, wahlweise neunprozentigem Alkohol, abreiben und anschließend mit weichem Leder polieren. Auch eine aufgeschnittene Zwiebel lässt Gold wieder neu strahlen.

Angelaufenes Silber können Sie zusammen mit Alufolie für eine halbe Stunde in warmem Salzwasser baden. Silber sollten Sie in Seide oder Plastiktüten aufbewahren, dann verfärbt es sich nicht. Ein Stück Kreide daneben gelegt erfüllt den selben Zweck. Für Salat und Ei sollten Sie kein Silberbesteck verwenden, da der Geschmack und das Silber leiden.

Zum Reinigen feingliedriger Ketten legen Sie diese am besten in eine Flasche, füllen sie mit warmer Seifenlauge und rütteln die Ketten sauber. Danach in Sägemehl legen und trocken schütteln. Oder Sie reiben mit einem Wolltuch oder einer feinen Bürste nach.

Korallenschmuck glänzt wieder wie neu, wenn man ihn einige Stunden in eine Kochsalzlösung legt und anschließend poliert. Bernstein können Sie mit Kölnischwasser abreiben.

Türkise, Opale, Smaragde, Korallen, Aquamarine oder Lapis müssen vor Fett, das heißt auch Hautcreme, Säuren und anderen chemischen Zusätzen, geschützt werden. Ihre Farbe verändert sich sonst. Ebenfalls leiden diese Pretiosen unter Sport und Gartenarbeit.

Auch für Perlen sind Parfüm, Bodylotion, Make-up sowie jede Art von Kosmetika schädlich. Reiben Sie deshalb Ihre Ketten nach jedem Tragen mit einem Wolltuch ab. Perlen sollten Sie vom restlichen Schmuck trennen, sie werden sonst zerkratzt.

Übrigens: Fleckiges Kupfer strahlt, wenn es mit Bier begossen und von der Sonne getrocknet wird. Grünspan verschwindet, wenn Sie das Metall mit einer halben Zwiebel blank polieren. Chrom mag eine Abreibung mit Mehl im weichen Lappen, Messing einen Brei aus Salz und Essig.

## Was tun gegen Rückenschmerzen?

Millionen haben es im Kreuz. Bandscheibenvorfälle, Ischias, Nackenschmerzen. Doch leider will die Krankenkasse die Massage nicht immer bezahlen. Tja, dann müssen Sie wohl selbst etwas tun.

Liegt die Ursache Ihrer Beschwerden vielleicht an der Matratze? Futons sind oft zu hart, und Federkernmatratzen tendieren zur Kuhlenbildung. Sie sollten gerade aufliegen, das heißt, die Hüfte sollte sich in das Material hineindrücken und der Hals nicht abknicken. Probieren Sie es einmal mit einem flacheren Kopfkissen oder ganz ohne.

Schwimmen ist gut für den Rücken – aber viele machen den Fehler und betreiben Brustschwimmen. Das ist sogar kontraproduktiv, denn wenn Sie nicht unter Wasser ausatmen, verstärken Sie sogar die Verspannung im Nacken. Nur Rückenschwimmen, besser noch Kraulen, stärkt die Muskulatur und entspannt. Aquagymnastik schont die Bänder und ist speziell für untrainierte, ältere und schwerere Menschen geeignet.

Bei Beschwerden um das Steißbein sollten Sie einen Rennlenker auf Ihr Rad montieren. Denn mit den gebogenen Rennlenkern können Sie abwechselnd in drei Positionen sitzen: die Hände gerade um die Lenkstange, halb gebückt auf die Bremsen gestützt oder krummrückig in Sprinterhaltung. Nach ein paar Tagen und hundert Kilometern haben sich Ihre Rückenmuskeln an die unterschiedliche Belastung gewöhnt und werden es Ihnen danken.

Rumpfbeugen, mit durchgestreckten Knien die Handfläche auf den Boden bringen, Kniebeugen und Liegestütze – diese Klassiker der Gymnastik gehören quasi zur Allgemeinbildung des Körpers.

Massagen sind etwas Feines. Laien sollten sich an die

Regel halten, lieber sanft und ausdauernd zu kneten als zu kräftig zu massieren. Verwenden Sie stets Massageöl. Auch ohne Partner muss man auf Massagen nicht verzichten. Legen Sie zwei Tennisbälle nebeneinander auf den Boden und rollen Sie über sie hinweg, den ganzen Rücken rauf und runter.

## Wie Schwermut schwindet

Schlechte Laune, Niedergeschlagenheit, Schwermut hat sicher jeder schon einmal erlebt. Solange die miese Stimmung noch nicht zu völliger Antriebslosigkeit führt und man nicht mehr ans Telefon geht und den Briefkasten öffnet, kann man sich ein bisschen selber helfen.

*Sonnenlicht:* Finnen und Isländer halten traurige Weltrekorde in den Suizidstatistiken; die langen Wintermonate schlagen einfach auf das Gemüt. Fangen Sie daher jeden Sonnenstrahl auf, schrauben Sie sich Tageslichtbirnen in die Wohnung oder lassen Sie sich eine Lichttherapie vom Arzt verschreiben.

*Sex und Sport:* Bei diesen Betätigungen werden Glückshormone im Gehirn ausgeschüttet. Manchmal muss man sich vielleicht überwinden; aber es ist so wie bei einem Winterspaziergang, hinterher ist man froh, sich aufgerafft zu haben.

*Schokolade:* Kakao gilt zu Recht seit alters her als Aphrodisiakum. Achten Sie auf einen hohen Kakaoanteil (70 Prozent), auch wenn Ihnen die billige Zuckerschoko-

Kennen Sie den: Treffen sich zwei Schwer-mütige ...

lade besser schmeckt. Futtern Sie aber nicht wahllos Süßigkeiten in sich hinein, dann kehrt sich der positive Effekt um. Außerdem mögen Sie sich nicht, weil Sie zu dick werden. Von Schokolade kann man übrigens abhängig werden. Obst zu essen vor einem Schokoladenanfall ist ein probates Mittel gegen die Sucht.

*Natürliche Psychopharmaka:* Johanniskraut ist eins der wenigen Naturheilmittel, deren Wirksamkeit experimentell nachgewiesen wurden. Die apothekenpflichtigen, rezeptfreien Tabletten hellen nach ein paar Wochen die Stimmung auf. Während dieser Zeit ist man empfindlich gegenüber Sonnenlicht, also Johanniskraut nicht während einer Reise in den Tropen einnehmen. Zincum valerianicum wirkt prompter.

Zu Nebenwirkungen fragen Sie bitte Ihren Arzt oder Apotheker.

Bei richtigen Depressionen – Appetitlosigkeit, Antriebslosigkeit, unfähig, aus dem Bett zu kommen, kein Kontakt zu anderen Menschen – sollten Sie ebenfalls einen Arzt aufsuchen.

## Wie erkenne ich Herzinfarkt und Schlaganfall?

Bei Männern sind starke, länger als fünf Minuten anhaltende Schmerzen im Brustkorb, die bis in Arme, Hals und Kiefer ausstrahlen können, die häufigsten Symptome. Frauen haben ein etwas anderes Krankheitsbild: Es brennt hinter dem Brustbein, sie spüren heftige Schmerzen in der Brust und im linken Arm, und es geht ihnen so schlecht wie nie zuvor. Wenn eine Frau unter plötzlicher Atemnot, Übelkeit und Schmerzen im Oberbauch leidet, auch ohne die anderen typischen Anzeichen, ist trotzdem ein Infarkt wahrscheinlich. Weil diese Anzeichen oft nicht ernst genommen werden, sterben viel mehr Frauen als Männer an einem nicht erkannten Infarkt. Man nennt ihn deshalb auch Eva-Infarkt.

Bei Männern und Frauen kommt es gleichermaßen zu Engegefühl, einem Druck in der Brust und zu plötzlicher Schwäche, kaltem Schweiß und fahler Gesichtsfarbe.

Rufen Sie sofort den Notarzt.

Ein Schlaganfall findet im Gehirn statt. Plötzlich versagt ein Körperteil oder eine Gesichtshälfte, man fällt hin, die Sprache wird undeutlich, die Hand funktioniert nicht richtig, man erkennt seine Umgebung nur schwammig. Laien können einen Schlaganfall mit folgendem Test leicht selbst diagnostizieren: Kann der Patient normal lächeln, beide Arme heben und oben halten und außerdem einen einfachen Satz verständlich formulieren? Nein? Dann liegt zu über 95 Prozent Wahrscheinlichkeit ein Schlaganfall vor. Verständigen Sie sofort den Notarzt, öffnen Sie das Fenster, lockern Sie beengte Kleidung, richten Sie den Oberkörper auf und sichern Sie ihn mit einem Kissen. Sorgen Sie für Ruhe. Erbricht sich die betroffene Person, legen Sie sie in die stabile Seitenlage. Nach Herzinfarkt und Krebs sind Schlaganfälle die häufigste Todesursache in Deutschland.

In Europa gilt die Notrufnummer 112, in Australien vom Handy ebenfalls (ansonsten: 000), in Nord- und Südamerika ist es 911. Infarkt (Myokardinfarkt) heißt auf englisch *heart attac* und Schlaganfall (Apoplexie) *stroke.*

# Badezimmer

## Wie beseitige ich Schminkunfälle?

Sie haben Ihr bestes Kleid an, sehen blendend aus, und dann passiert die Katastrophe? Das Make-up verschmiert den Kragen, das Parfum spritzt auf die Bluse, der Nagellack ist auf den Ärmel getropft, und der Lippenstift ist irgendwie auf dem Rock gelandet?

Reiben Sie verschüttetes Parfum sofort mit einem Erfrischungstuch aus. Ältere Flecken sollten Sie mit reinem Alkohol behandeln und mit lauwarmem Feinwaschmittel baden. Parfumränder lassen sich auch mit verdünntem Salmiakgeist ausreiben.

Lippenstift auf der Kleidung können Sie mit Glycerin einweichen, dann mit einem alkohol- oder terpentingetränkten Wattebausch abtupfen und mit Seifenlauge ausspülen. (Rot beschmierte Gläser vor dem Waschen mit Salz einreiben.)

Make-up-Spuren am Blazer- oder Mantelkragen lassen sich mit Glasreiniger und Küchenpapier problemlos entfernen, oder Sie verwenden Feuchttücher aus dem Drogeriemarkt.

Nagellackentferner beziehungsweise das darin enthal-

tene Lösungsmittel Aceton beseitigt Nagellack auch aus Kleidern, allerdings kann sich der Stoff verfärben. Das gilt auch für das Bleichen mit dreiprozentigem Wasserstoffsuperoxyd. Auf einem Baumwolltuch aufgetragen, lassen sich damit die hartnäckigsten Flecken entfernen. Bei gefärbten Geweben empfiehlt sich eine Lösung aus Zitronensäurekristallen. Bei allen drei Methoden – Aceton, Wasserstoffsuperoxyd oder Zitronensäure – sollten Sie erst vorsichtig an einer unauffälligen Ecke im Stoff ausprobieren, ob es zu Verfärbungen kommt. Zu helle Flecken können Sie notfalls mit Haushaltsessig nachdunkeln.

## Was tun gegen blaue Flecken?

Glaubt man den Frauenromanen und -filmen, müssten Bridget Jones und ihre Geschlechtsgenossinnen übersät sein mit blauen Flecken, so ungeschickt, wie sie von einem Unglück zum nächsten torkeln. Dauernd rutschen sie aus, stolpern und schlagen sich die Beine an.

Da die Heldinnen trotzdem stets so perfekt sind, um die begehrenswertesten Männer – die oft so aussehen, als hießen sie mit Vornamen Hugh und Grant mit Nachnamen – zu becircen, verfügen sie anscheinend über geheime Rezepte, die die Male an Beinen und Armen wieder verschwinden lassen.

Kühlen Sie die angestoßene Stelle sofort mit Eiswürfeln und wickeln Sie eine Kompresse mit essigsaurer Tonerde darum. Eine halbe Zwiebel auf einen Bluterguss gepresst lässt Schwellung und Schmerz verschwinden.

Arnikatinktur sollte ebenfalls in jedem Haushalt vorrätig sein. Sie hilft bei Verstauchungen, Muskelkater und blauen Flecken. Tränken Sie eine Mullbinde damit und tragen Sie diese mindestens einen Tag. Rosmarinöl und Venensalbe sind ebenfalls bewährte Mittelchen gegen die violett schimmernden Druckstellen auf der Haut und gegen Knutschflecke. Aspirin verdünnt das Blut und kann eventuell auch blaue Flecken auflösen. Wenn Sie trotzdem noch scheckig bleiben, müssen Sie wohl zu Rollkragenpullovern und Make-up greifen.

## Schnelle Hilfe bei geschwollenen Augen

Sie wollen sich morgens am liebsten gar nicht im Spiegel sehen? Die Lider sind geschwollen, die Tränensäcke wölben sich, und dazwischen lugen missmutig Ihre Augen wie ein roter Halbmond? Dann haben Sie wohl schlecht geschlafen und sehen einem ungemütlichen Tag entgegen.

Lassen Sie nachts das Fenster offen, selbst wenn es kalt wird. Schlafen Sie mit einem Keil unter dem Kopfkissen; das ist zwar auf die Dauer ungesund, verhindert aber unschöne Puddingaugen.

Legen Sie sich morgens für eine Viertelstunde rohe Kartoffel- oder Gurkenscheiben auf. Ein kalter Silberlöffel wirkt zwar schneller, aber seine kühlende Wirkung hält nicht so lange an. Warme Kamillenteebeutel oder kalte von schwarzem Tee lassen ebenfalls die Schwellungen zurückgehen. Versuchen Sie es mit Rosenwasser-Kompressen. Das Rosenwasser aus der Apotheke können Sie auf Watte oder Abschminkpads träufeln und mit sanftem Druck einige Minuten auf die Augen legen. Ein uraltes Hausmittel: Träufeln Sie je einen Tropfen flüssigen Honig in die Augen. Der Blick wird wieder klar und schön!

Allergiker und Menschen mit Neurodermitis haben gute Erfolge mit Eigenurin-Kompressen erzielt.

Gegen Augenfältchen gibt es teure Kosmetika – und Olivenöl. Tragen Sie das Öl mit einem Pinsel auf und massieren Sie es ganz sanft mit den Fingern ein; so hat es

bereits Kleopatra gemacht. Eins jedoch sollten Sie unbedingt unterlassen: Wer sich die müden Augen reibt, der strapaziert das feine Gewebe und provoziert Falten. Außerdem sind unsere Hände leider voller Erreger, deshalb sollten Sie generell die Finger aus dem Gesicht lassen.

Wenn nichts gegen Ihre übermüdeten Augen hilft, müssen optische Tricks her. Tuschen Sie nur die oberen Wimpern, tragen Sie hellen Lidschatten unter den Brauen auf und legen Sie matten Lidschatten über die Augenringe, aber überpudern Sie diese nicht, das hebt sie nur hervor!

Langfristig hilft, viel Wasser zu trinken; drei Liter am Tag, dazu wenig Kaffee und noch weniger Alkohol.

## Falten weg!

Sonne, Make-up, Nikotin, häufiges Peeling und Augenreiben beanspruchen die Gesichtshaut – Falten sind die Folge. Verwöhnen Sie sich stattdessen mit einem Buttermilchbad, korrektem Abschminken und regelmäßiger Feuchtigkeitscreme nachts und nach dem Baden. Vermeiden Sie dabei zu heißes Wasser, weil dieses die Haut nur unnötig austrocknet, und schützen Sie die Haut vor kräftigen Sonnenstrahlen.

Folgendes altes Hausmittel verspricht, Falten zu glätten: Übergießen Sie eine Handvoll Fenchelsamen mit kochendem Wasser und seihen Sie die Samen nach zehn Minuten ab. Dann rühren Sie zwei Esslöffel Joghurt und genauso viel Honig in den Sud und tragen die Maske für eine halbe Stunde im Gesicht auf. Auch Rotkleetabletten aus der Apotheke sollen gegen die ungeliebten Furchen helfen.

Und dann gibt es noch ein ganz erstaunliches und etwas drastisches Mittel für den akuten Notfall: Tragen Sie über Nacht Hämorridencreme auf. Das spannt die Haut für ein paar Stunden. Allerdings ist das eine ziemlich aggressive Methode und sollte nur selten, bei wirklich wichtigen Anlässen verwendet werden.

Gegen Zellulitis ist noch kein Kraut gewachsen, aber man kann's ja probieren: Kochen Sie Zitronenschalen aus und trinken Sie das Zitronenwasser am nächsten Morgen auf nüchternen Magen. Kelp (Braunalgenasche) im Badewasser regt die Durchblutung an, Petersilie und Löwenzahntee helfen bei der Ausscheidung überflüssiger Körperflüssigkeit. Schaden kann's nicht, und wenn's hilft, spenden Sie das für teure Kosmetika gesparte Geld einem wohltätigen Zweck.

## Tricks beim Waschen, Färben und Tönen der Haare

Langhaarige haben oft das Problem, dass sich das Shampoo nicht gleichmäßig in den Haaren verteilt. Geben Sie die für jeweils eine Wäsche benötigte Menge Haarwaschmittel in eine Plastikflasche, mischen Sie es mit warmem Wasser und gießen Sie die verdünnte Lösung langsam über dem Kopf aus.

Shampoonieren Sie Ihr Haar stets zweimal, aber rubbeln Sie die Kopfhaut nicht zu kräftig, denn dies führt zu Hautreizungen und verursacht Schuppen. Spülen Sie sorgfältig und ausführlich, doppelt so lange wie das Shampoonieren, und niemals im Badewasser, sondern

mit dem Wasser aus dem Duschkopf. Auch beim Abtrocknen nicht rubbeln, stattdessen sanft massieren. Ein Turban aus Mikrofasertüchern (genau, die zum Fensterputzen) trocknet schneller als ein normales Handtuch.

Haare werden nicht so schnell fettig, wenn man darin nach dem Waschen lauwarmen Pfefferminztee einmassiert. Spülen Sie nicht nach. Eine Spülung mit Essig lässt Haare glänzen.

Etwas Zitronensaft verstärkt das Blond im Haar; Brünette und Rothaarige können ihren Farbton mit Apfelessig oder einer Kaffeespülung unterstützen. Ein Sud aus Lorbeerblättern verleiht dem Haar einen rötlichen Stich; danach sollten Sie mehrmals spülen. Grüne Walnussschalen wurden früher von Verbrechern benutzt, die sich die Haare dunkel färben wollten.

Wenn Sie dann doch lieber auf herkömmliche Färbemittel zurückgreifen wollen, reiben Sie vor dem Färben das Waschbecken mit Geschirrspülmittel ein, um so Flecken auf der Keramik vorzubeugen. Farbkleckser im Gesicht und auf den Händen lassen sich mit einer Mischung aus Zigarettenasche und Wasser entfernen.

Sollte im Urlaub nach zu viel Sonne und Chlor aus dem Swimmingpool Ihr Haar leicht grünlich schimmern, dann spülen Sie es mit Aspirin aus. Zwar verschwindet dann die Tönung, aber Sie sehen nicht mehr wie ein Marsfräulein aus.

# Küche

## Den Zwiebeln keine Träne

Die Zwiebel wehrt sich seit Jahrtausenden mit dem tränentreibendem Enzym Aliinase dagegen, aufgefuttert zu werden. Und seit Jahrhunderten wehren sich Hausfrauen gegen die Tränen und haben dabei allerlei Tricks entwickelt:

Legen Sie die Zwiebel vor dem Schneiden eine Viertelstunde in den Kühlschrank oder halten Sie sie unter fließend kaltes Wasser. Andere schwören hingegen auf kurzes Überbrühen.

Benutzen Sie ein sehr scharfes Messer, beispielsweise aus Keramik, dann quillt der tränentreibende Saft nicht so heraus. Schneiden Sie unter der eingeschalteten Dunstabzugshaube oder öffnen Sie wenigstens die Fenster. Einige Köche atmen beim Zwiebelhacken durch den Mund, andere behalten einen großen Schluck Wasser im Mund, ohne ihn hinunterzuschlucken.

Erprobt und bewährt: Klemmen Sie Streichhölzer zwischen die Lippen, Köpfchen weit draußen; nach ein paar Minuten, wenn die tränenhemmende Wirkung nachlässt, müssen Sie sie auswechseln. Taucherbrillen und Kontaktlinsen gelten auch als guter Schutz.

Übrigens hat die gemeine Aliinase aber auch etwas Gutes: Zwiebelwürfel in Stoffbeutelchen auf entzündete Ohren gebunden ziehen den Schmerz heraus (siehe dazu auch »Zaubern im Haushalt«, Abschnitt »Zwiebeln« auf Seite 241ff.).

## Die Lehre von den Eiern

Wie frisch ist das Ei? Ein einfacher Test gibt Aufschluss: Schütten Sie exakt 120 Gramm Salz in einen Liter Wasser. Ein frisches Ei versinkt sofort. Geht es nur halb unter, ist es ein oder zwei Tage alt, und noch ältere Eier schwimmen oben. In ungesalzenem Wasser sinken frische Eier sofort zum Boden, nach einer Woche schwimmen sie mit der stumpfen Seite leicht nach oben, ältere Eier stehen senkrecht im Wasser.

Ist das Ei roh oder gekocht? Einfach ausprobieren: Drehen Sie das Ei auf der Spitze wie einen Kreisel. Harte Eier machen das Spiel mit, rohe fallen um.

Eier halten sich länger, wenn man sie in Kalkwasser, Zitronensaft oder Leinöl taucht und trocknen lässt. Außerdem sollten Eier mit der Spitze nach unten im Kühlschrank lagern; dann ist die Luftblase oben, und das Ei bleibt länger frisch.

Eidotter kann man tagelang aufheben, wenn man sie in einem mit Wasser gefüllten Glas an einen kühlen Ort stellt. Eiweiß hält sich gefroren ein ganzes Jahr. Eigelb und Eiklar trennt man leicht, wenn man sie durch einen Trichter laufen lässt. Das Weiße läuft durch, das Gelbe vom Ei bleibt oben. Ist etwas Eigelb ins Eiklar geraten, geben Sie einen Tropfen Zitrone zu, dann wird das Eiweiß trotzdem steif beim Schlagen. Mit einer Prise Salz geht es noch besser.

Eier sollten Sie nie mit Silber- oder Metallbesteck essen; mit Plastik- oder Hornlöffel schmeckt es besser.

Angeknackste Eier lassen sich noch kochen, wenn man Essig ins Wasser gibt oder sie fest in Seidenpapier wickelt.

Eier springen nicht, wenn man sie vor dem Kochen am stumpfen Ende anpiekst und ein bis zwei Teelöffel Salz ins kochende Wasser gibt. Schütten Sie das Eiwasser nicht weg; es ist gutes, kalkreiches Blumenwasser.

Wenn Sie zu Ostern Eier ausblasen wollen, bohren Sie

mit einer Stricknadel oder – noch besser – einem Kreuzschlitzschraubenzieher oben und unten ein Loch. Zerreißen Sie mit einem Zahnstocher, einer Stricknadel oder einem Draht die Hülle des Eidotters und blasen Sie den Inhalt aus. Praktischerweise wird das Eigemisch von einer Schüssel aufgefangen. Damit es bunt wird: In Zwiebelsaft werden die Schalen schön braun, in Spinatwasser herrlich grün. Ansonsten gilt: erst anmalen, dann auspusten.

Und wer kennt diese Situation nicht? Man macht ein Picknick, hat alles Nötige dabei, Eier, ungelöschten Kalk, aber das Feuerzeug vergessen. Doch keine Bange: Eier kann man auch ohne Feuer kochen. Legen Sie das Ei und ein Stück ungelöschten Kalk ins Wasser, dann ist es nach sechs Minuten hart.

(Siehe dazu auch »Zaubern im Haushalt«, Abschnitt »Eiweiß« auf Seite 176f.).

## Ordnung im Kühlschrank

Okay, seien wir ehrlich. Meist stopfen wir die Einkäufe dort in den Kühlschrank, wo gerade noch Platz ist. Seltsamerweise rutscht dabei das Senfglas immer nach ganz hinten und vertrocknet dort.

Und so soll es sein: Getränke, Senf und Butter stellen Sie bitte in die Tür. Ganz nach oben gehören Eier, Milchprodukte, Geräuchertes und angebrochene Lebensmittel. Im mittleren Fach über den Schubfächern am Boden ist es am kältesten, deshalb liegen hier Fleisch, Wurst und

Fisch. Vorne ist es wärmer, deshalb stellen Sie neue Produkte am besten nach hinten.

Legen Sie die untere Gemüsebox mit Küchenkrepp aus; das saugt Kondensflüssigkeit auf. Schneiden Sie von Radieschen und Karotten das Grünzeug ab, wickeln Sie Kräuter, Salate und selbst Blumensträuße in leicht feuchtes Zeitungspapier und Plastikfolie, dann bleiben sie länger frisch. Südfrüchte, Tomaten, grüne Bohnen, Zucchini,

Gurken und Kartoffeln haben nichts im Eisschrank verloren.

Angeschnittener Parmesan und halbe Zitronen trocknen nicht aus, wenn Sie diese mit Salz bedecken oder mit der Schnittfläche auf Zucker legen. Geschälte Kartoffeln in einer verschlossenen Schüssel mit kaltem Wasser und einen Schuss Essig halten sich vier Tage.

Für Kosmetika und Medizin gilt: Vitaminhaltige Präparate konservieren Sie optimal im fünf bis acht Grad kühlen, unteren Fach. Naturkosmetik halten sich auf der mittleren Schiene bei etwa zehn Grad frisch und Collagen-Produkte bei ungefähr zwölf Grad in der oberen Klimazone.

Im Sommer ist der Backofen ein kühler Ort. Dort können Sie Quarkspeisen, Suppen, auftauendes Fleisch oder Marinaden aufbewahren. Dann haben Sie im Kühlschrank mehr Platz für Eis, Bier und Hackfleisch.

Übrigens, um festzustellen, ob der Kühlschrank auf die richtige Temperatur eingestellt ist, reicht ein einfacher Test. Butter, die im Seitenfach im oberen Türbereich lagert, sollte streichfähig sein. Ist sie hart, drehen Sie den Temperaturschalter runter.

Bevor Sie warme Speisen in den Kühlschrank stellen, sollten Sie diese erst abkühlen lassen. Sie verbrauchen im Eisschrank sonst unnötig Energie und bilden Kondenseis.

## Kosmetik aus dem Gemüsefach

Ziehen Sie einer überreifen *Tomate* die Haut ab und tragen Sie den roten Matsch mit einem Wattebausch auf die Haut auf. Nach einer Viertelstunde Einwirkzeit hat das Fruchtfleisch überflüssiges Fett aufgenommen.

Mit *Zitrone* lassen sich Altersflecken und Fingernägel aufhellen. Schneiden Sie die Frucht auf und reiben Sie sie über die Haut. Nach einer Überdosis Parfum reiben Sie sich mit Zitronenschalen ein. Diese neutralisieren die Duftwolke. Wenn Sie sich mit einer halben Zitrone die Kopfhaut rubbeln und erst nach zehn Minuten spülen, bilden sich keine Schuppen. Eine Lotion aus gleichen Teilen Wasser und Zitrone beseitigt Seifenreste.

Rohe *Kartoffelscheiben* lindern Augenringe.

Sie haben sich beim Rasieren geschnitten? Pressen Sie schwarze *Pfefferkörner* auf die kleinen Schnittwunden, denn sie nehmen den Schmerz und heilen die Kratzer.

Eine leckere *Zwiebel*-Milchsuppe reinigt den Teint. Kochen Sie mehrere Zwiebeln in Milch auf und trinken täglich davon eine Tasse – dann sieht Schneewittchen daneben blass aus.

*Erdbeeren* machen Zähne weiß. Drücken Sie die Zahnbürste ins Fruchtfleisch und putzen Sie wie üblich.

Schälen, schroten, trocknen und mahlen Sie *Rosskastanien* zu Pulver. Und waschen Sie sich damit die Haare. Die braunen Früchte enthalten natürliche Seifenstoffe, sogenannte Saponine. Auch als Waschpulver tut das selbst gemachte Shampoo einen guten Dienst.

Pressen Sie grüne *Walnussschalen* oder *Nussbaumblätter* durch ein starkes Sieb und reiben Sie sich mit dem fettigen Saft die Haare ein. Man wird Sie hinterher nicht mehr wieder erkennen, denn jetzt sind Sie brünett.

*Gurkensaft* ist ein perfektes Gesichtswasser. Sie können auch ein Eigelb unterrühren, bevor Sie die Lotion mit einem Wattebausch auftragen und einwirken lassen. Abwaschen nicht vergessen.

*Tomaten-* oder *Karottensaft* mit ein paar Tropfen Glyzerin ist ebenfalls sehr gut als Gesichtswasser geeignet.

## Wie vertreibe ich Fruchtfliegen, Speisemotten oder Ameisen?

Haben sich die kleinen Tierchen in der Küche niedergelassen, ist es schwer, sie wieder loszuwerden. Man mag auch nichts mehr essen, solange sie in der Küche herumschwirren.

Entfernen Sie alles, was Fruchtfliegen lieben: Biomüll und reifes Obst.

Bei Speisemotten sollten Sie unbedingt offenes Mehl wegwerfen. Auch trockene Hülsenfrüchte wie Erbsen, Bohnen oder Linsen sind eine beliebte Brutstätte. Wischen Sie in der Speisekammer alle Regale und auch den Brotkorb mit Essigwasser aus.

Lassen Sie Wein mit einem Restschluck stehen oder füllen Sie eine Flasche mit einem Zucker-Essig-Gemisch, einem Schuss Sherry oder stopfen Sie ein überreifes Obst-

stück hinein und gießen Sie etwas Wasser nach. Fruchtfliegen werden von den süßen Säften magisch angezogen und ertrinken darin. Ein Spritzer Spülmittel nimmt der Flüssigkeit die Oberflächenspannung, und die Plagegeister können sich – einmal hineingetappt – nicht mehr aus der Falle befreien. Sie können auch ein Marmeladeglas mit einem süßen, wässrigen Lockmittel füllen und den Deckel mit einem Schraubenzieher durchlöchern.

Wenn Sie Zitronenmelisse oder Basilikum in der Küche aufstellen oder Sandel- und Zedernholz in den Küchen- und Kleiderschrank legen, wehren Sie den Anfängen; denn Fruchtfliegen und Motten verabscheuen deren

Geruch. In Drogerien und Bioläden gibt es Klebefallen mit Pheromonen. Leider funktionieren diese nicht hundertprozentig.

Gegen Ameisen hilft Backpulver. Die Tiere fressen die ausgestreuten Kügelchen, und das Pulver lässt sie innerlich platzen. Brutal, aber es funktioniert. Plopp.

## Darf man Verschimmeltes essen?

»Im Ameisenhaufen wimmelt es, der Aff' frisst nichts Verschimmeltes«, heißt es bei Wilhelm Busch in seinem »Naturgeschichtlichen Alphabet für größere Kinder und solche, die es werden wollen«.

Für Affen mag das zutreffen, aber kennt nicht jeder eine Oma, einen Vater, der meint, das kann man doch noch essen?

Grundsätzlich gilt: Weiche, wasserreiche Speisen, auf denen sich der gräuliche Pilz ausgebreitet hat, gehören in die Bio-Tonne. Also Erdbeeren, Melonen, Bananen, Säfte, Bier, Joghurt, Quark, Suppen, Soßen. Auch Wurst, Weich- und Schnittkäse wie Tilsiter, Gouda oder Edamer sowie Nudeln, Pellkartoffeln, Aufläufe und andere übrig gebliebene Speisen, die man eigentlich wieder aufwärmen wollte, müssen weggeworfen werden.

Bei Hartkäse wie Emmentaler, Cheddar, Parmesan können Sie den Schimmel großzügig abschneiden und den Rest essen. Das gilt ebenso für rohe Kartoffeln, Karotten oder Kohl.

Schwarz- und Vollkornbrot sind noch zu retten, wenn es denn sein muss; Toast, Weißbrot, Baguette und Brötchen jedoch nicht.

Selbst gemachte Konfitüren und Gelees schimmeln leicht. Wenn der Zuckergehalt mindestens 50 Prozent beträgt, können Sie die obere Schicht entfernen und sich den Rest getrost aufs Brot schmieren. Das gilt nicht für Diät- und Diabetikermarmelade, die statt Zucker Süßstoff enthalten.

Es gibt dreihundert Schimmelpilzarten, die wenigsten sind gefährlich; aber die Pilzgifte Aflatoxin B1 und Ochratoxin A können Krebs auslösen.

## Wie schlachte ich ein Huhn?

Packen Sie das Huhn an den Füßen und schleudern Sie es ein paar Mal im Kreis wie Kinder eine Einkaufstasche. Das Federvieh verliert die Orientierung und flattert nicht, wenn Sie es jetzt auf den Holzblock legen. Oder Sie halten beide Flügel und den zurückgebogenen Kopf mit der linken Hand fest, und in der rechten halten Sie das Messer. Setzen Sie das scharfe Messer unter das Läppchen und schneiden Sie durch die Gurgel bis an den Halsknochen. Lassen Sie das Huhn ausbluten. Legen Sie das tote Huhn für zwanzig Minuten in kaltes Wasser und anschließend in kochendes Wasser. Dabei mehrmals umdrehen, damit alle Federn nass werden. Nach zwei Minuten aus dem heißen Bad herausnehmen. Rupfen Sie alle Federn und

Stoppeln heraus. Flammen Sie den Flaum über einem brennenden Stück Zeitungspapier ab, dabei den Körper wenden und sich nicht die Finger verbrennen. Ritzen Sie jetzt mit einem kleinen scharfen Messer die Haut am Hals auf. Trennen Sie Schlund, Gurgel, unteren Schnabel und Kropf und ziehen diese aus dem Hals. Schneiden Sie das Afterloch mit einem kleinen Schnitt weg und legen das Huhn auf den Rücken. Pressen Sie unter dem Rippenbogen auf den Bauch des Tieres. Der Magen samt Därme wird unten herausquellen. Mit dem Zeigefinger ziehen Sie vorsichtig, damit der Schnitt nicht weiter aufreißt, Leber, Milz und Herz heraus.

Lagern Sie das geputzte, trockene und ausgenommene Huhn für ein oder zwei Tage an einem kühlen, dunklen Ort (Keller, Herdofen), sonst wird es zäh.

Vor dem Braten schneiden Sie die Füße ab, waschen das Huhn innen und außen mit kaltem Wasser aus und trocknen es ab. Danach salzen, eventuell mit Butter und Petersilie füllen, mit einem Faden unten zunähen beziehungsweise mit Zahnstochern verschließen. Braten Sie es schließlich von allen Seiten kurz an. Dann kann das Geflügel in das vorgeheizte Bratrohr.

# Kinderzimmer

## Kindergeburtstag ohne Tränen

Die meisten Kinderspiele kennen einen Gewinner und viele Verlierer, die sich langweilen, wenn sie bei der Reise nach Jerusalem ausscheiden, oder weinen, weil sie beim Sackhüpfen Letzter geworden sind. Hier sind einige Spiele, bei denen jeder seinen Spaß hat:

Für Drei- bis Fünfjährige eignet sich das Gegenteil-Spiel: Einer streckt die Hände nach oben, dann müssen die anderen sie nach unten strecken; einer lacht, die anderen weinen; der Vorturner dreht sich links herum, die Nachmacher rechts herum …

Ein gutes Spiel am Anfang, um sich kennen zu lernen: Die Kinder klemmen sich eine Orange oder einen Tennisball unter das Kinn und reichen ihn weiter, ohne die Hände zu benutzen. Ähnlich funktioniert das Luftballontanzen. Jeweils zwei Kinder stehen Rücken an Rücken, zwischen ihnen ein Luftballon. Jetzt müssen sie tanzen, ohne den Ballon zu verlieren.

Beim nächsten Spiel stellen sich die Kinder in eine Reihe hintereinander und halten sich an der Hüfte des Vorderen fest. Jetzt versucht der Erste, den Letzten zu fangen.

Wenn das Kind am Ende der Raupe erwischt wurde, wird es selbst zum Kopf.

Noch ein Tier-Spiel: Ein Kind spielt eine Katze und versucht, die im Kreis sitzenden anderen Kinder durch erbärmliches Miauen zum Lachen zu bringen. Die Kinder sollten, ohne loszuprusten, »Armer schwarzer Kater!« sagen, sonst müssen sie in der Mitte miauen.

Es gibt verschiedene Essensspiele, beispielsweise mit dem Mund nach auf einer Wäscheleine hängenden Würstchen schnappen oder den Klassiker: Ein Kind zieht sich Handschuhe an und versucht, mit Messer und Gabel eine Tafel Schokolade zu essen, während die anderen hektisch würfeln, um eine Sechs zu bekommen. Wem dies gelingt, darf sich schnell die Handschuhe anziehen und ist nun an der Reihe, gegen das Einwickelpapier zu kämpfen. Noch spannender wird es, wenn sich das Kind noch eine Mütze und eine Brille aufsetzt und die anderen Kinder einen Pasch würfeln müssen, um dranzukommen.

Turbulent wird es, wenn Sie jedem Kind einen Wollfaden ans Bein binden und das andere Ende an einem Möbelstück oder einem in der Wohnung versteckten Geschenk befestigen. Die Wollfäden laufen quer durch das Zimmer, unter Stühlen und Tischen hindurch. Die kleine Gesellschaft muss zu ihrem Ziel kommen und über die anderen Wollfäden oder die Mitspieler steigen und unter den Möbeln durchklettern.

Bei schönem Wetter im Freien verteilen Sie Wasserpistolen an die Gäste. Sie müssen von einer gemeinsamen Startlinie aus Tischtennisbälle von Flaschenhälsen schießen. Auch da kommt es nicht unbedingt aufs Gewinnen an.

Und damit kommt die tobende Bande wieder zur Ruhe:

Sechs bis zehn Kinder halten ein Betttuch gespannt. In der Mitte liegen eine Toilettenpapierrolle und eine Murmel. Durch gemeinsames Schwenken gilt es, die Kugel durch die Papprolle zu bugsieren.

Verstecken Sie einen tickenden Wecker im Zimmer und lassen Sie die kleinen Gäste ihn erlauschen.

Still wird es auch beim Geräusche-Memory. Die Kinder müssen aus einem Haufen klappernder Streichholzschachteln die Paare mit demselben Inhalt (Erbsen, Büroklammern, Zucker) nur durch Schütteln und Hören finden.

Zum Schluss noch ein paar Tipps für eine gelungene Kinderparty. Als Faustregel gilt: so viele Gäste einladen, wie das Geburtstagskind alt ist.

Sollte sich einer mal angestoßen oder irgendwie leicht weh getan haben, holen Sie den vorher präparierten Luftballon aus dem Kühlschrank, in den Sie tiefgefrorene Erbsen eingefüllt haben – mit so einer bunten Kompresse kommt das Lachen wieder.

Das letzte Spiel sollte im Freien stattfinden, dann sind die Kleinen schon angezogen, wenn die Eltern kommen, um sie abzuholen.

## Wie beruhigt man Kinder?

Wohl jeder kennt die Situation: Eine Menge Kinder, und alle schreien. Jeder will gehört werden – wie schafft man da wenigstens für eine Minute Ruhe?

»Hallo, ihr lieben kleinen Schreihälse. Wollen wir doch mal sehen, wer von uns am längsten die Luft anhalten kann!« Schnell schnappen die süßen Störenfriede noch mal Luft und pressen dann die Lippen zusammen. Nach etwa zwanzig Sekunden fangen sie an zu schummeln und, man sieht es an ihrem raffinierten Blick, atmen durch die Nase. Das können sie ziemlich lange, die Schlingel. Und wir genießen die Ruhe, denn durch die Nase kann man nicht krakeelen.

Aus irgendeinem unerfindlichen Grund lieben Kleinkinder Schlüssel. Geben Sie ihm oder ihr einen Schlüsselbund, und das Baby wird zumindest für einige Zeit abgelenkt. Eine Kordel am Tisch ist genauso spannend für kleine Krabbler wie das Lampenkabel und bei weitem nicht so gefährlich. Wenn Ihr Kind unbedingt die Wände anmalen will, erlauben Sie ihm, die Innenseite der Wasch- oder Spülmaschinentür zu bemalen; da wird es von selber wieder sauber.

Auf langen Autofahrten fangen Kinder oft an zu quengeln. Ein Spiel vertreibt die Langeweile: Einer denkt sich ein vierbuchstabiges Wort aus, die anderen Mitspieler zählen vierbuchstabige Worte auf und versuchen aus den Antworten – »Ein Buchstabe an der richtigen Stelle, einer an der falschen Stelle …« – wie beim Gesellschaftsspiel

Mastermind das gedachte Wort zu kombinieren. Wer das Wort herausbekommen hat, darf sich selbst eins ausdenken. Dieses Spiel ist für ältere Kinder und Erwachsene geeignet, jüngere können es mit dreibuchstabigen Worten probieren. Es gelten nur deutsche Substantive.

Sie haben einen Zappelphilipp zu Hause und wünschten sich, er würde sich mal ein paar Minuten allein beschäftigen, ohne Unsinn anzustellen? Stellen Sie dem Kind eine längerfristige Aufgabe, die es alleine lösen soll: ein Bild abmalen, dreimal um den Sandkasten laufen, vierblättrigen Klee suchen. Beteiligen Sie das Kind am Leben der Erwachsenen: Töpfe holen, Schrauben sortieren oder Restaurant spielen, wenn es ums Tischdecken geht.

Mit regelmäßigen Ritualen und einem gleich bleibenden Tagesablauf gewöhnen Sie Kinder an Ruhezeiten. Unruhige Kinder haben oft eine kurze Aufmerksamkeitsspanne. Reduzieren Sie die Reize: weniger Spielzeug, Fernbedienung verstecken. Produzieren Sie sich nicht als ständig verfügbarer Alleinunterhalter. Mischen Sie sich nicht ein, ertragen Sie es, wenn Sie einmal nicht im Zentrum der Aufmerksamkeit des Kindes stehen.

Untersuchungen haben ergeben, dass Kinder mit täglich zwei Stunden *quality time* (»Qualitätszeit«), wie es im Amerikanischen heißt, ausgezeichnet gedeihen. Berufstätige Eltern sollten sich diese Zeit frei halten und den Rest des Tages nicht mit gestresster Halbaufmerksamkeit und schlechtem Gewissen herumbringen.

Jedes Kind erlebt Schmerz, Angst und Ohnmacht. Überfürsorgliche Eltern reduzieren mit ihrer ständigen Trösterrolle nur die Frustrationsebene, nicht das subjektiv gefühlte Unwohlsein. Kurzes Quengeln, Stöhnen und Weinen sollten Kinder selbst überwinden dürfen – und Sie sollten es aushalten. Lassen Sie Ihrem Kind die Chance und das Erfolgserlebnis, Blähungen allein zu überleben, und nehmen Sie es nicht beim ersten Geschrei auf den Arm. Am Anfang glauben alle Kinder, die Welt wäre eine Fortsetzung ihrer Wünsche und Bedürfnisse. Der Schock, dass es Einschränkungen gibt, ist unvermeidbar. Früher Kontakt mit anderen Kindern versüßt diese Erkenntnis, selbst wenn es zuerst Streit ums Spielzeug gibt.

Wenn gar nichts hilft, raten Homoöpathen zu dem harmlosen Mittel Kalzium Carbonicum D6, um nervöse Kinder zu beruhigen (dreimal täglich fünf Tropfen oder Kügelchen).

## Was tun bei Vergiftungen?

200 000 Kinder vergiften sich pro Jahr in Deutschland, bei zehn Prozent besteht dabei Lebensgefahr. In jeden Haushalt gehört deshalb ein Notfallset aus der Apotheke, bestehend aus 20 Gramm Aktivkohle in Pulverform und einem Fläschchen Entschäumer mit dem Wirkungsmittel Dimeticon.

Hat sich jemand vergiftet, rufen Sie als Erstes den Giftnotruf an: 19240 mit der Vorwahl von Berlin, Bonn, Freiburg, Göttingen, Homburg, Mainz oder München. Für die östlichen Bundesländer gilt die Nummer 0361/730730.

Haben Sie die oben genannten Mittel parat, kann der Giftnotruf in fast allen Fällen helfen, und man spart sich den Rettungswagen.

Hat jemand Wasch- oder Spülmittel verschluckt, verabreichen Sie drei Teelöffel des Dimeticon-Entschäumers.

Hat Ihr Liebling Medikamente, Kosmetika, Entkalker, Rohrreiniger oder ähnliches hinuntergewürgt, lösen Sie zehn Gramm medizinische Kohle in einem Glas Wasser auf und flößen Sie es dem Opfer in kleinen Schlucken ein. Auch wenn keine Kohle vorhanden ist, sollte der Vergiftete langsam Wasser, Tee oder Saft trinken, aber keine Milch oder Salzwasser.

Laien sollten niemals versuchen, das Opfer zum Erbrechen zu bringen.

Hat das Kind (oder Sie) etwas Giftiges eingeatmet, nichts trinken! Jetzt sollte viel frische Luft eingeatmet werden.

Ätzendes auf der Haut oder im Auge sollte man sofort mit viel Wasser ausspülen. Bitte decken Sie die Stelle nicht mit Pflaster oder irgendwelchen Hausmittelchen wie Kartoffeln oder Mehl ab.

Heben Sie für den Notarzt die Ursache der Vergiftung auf. Ist diese unklar, benötigt der Arzt das Erbrochene, um das richtige Gegenmittel zu finden.

# Arbeitszimmer

## Was kommt in den Ich-Ordner?

Jeder anständige Bürger sollte sich einen Ich-Ordner anlegen. Darin werden die wichtigsten Unterlagen aufgehoben, also die, die Sie als Erstes retten, wenn es brennt, und in denen alles enthalten ist, was Ihre Angehörigen nach Ihrem Ableben (Gott verhüte es) benötigen.

Dies sind also Geburtsurkunde, Schulabschluss- und Berufszeugnisse, Heiratsurkunde, Testament, Patientenverfügung, Versicherungspolicen, Besitzurkunden, Kraftfahrzeugbrief, Nachweise über sozialversicherungspflichtige Beschäftigung, Entlassungsurkunden, wichtige amtliche Bestätigungen, Verträge, Impfpass sowie die letzte Steuerbescheinigung und der letzte Rentenbescheid. Beides vielleicht nur als Kopie, wenn Sie einen eigenen Steuer- oder Rentenordner führen. Auch können Sie die Geburtsurkunde Ihrer Kinder als Kopie beilegen, wenn diese bereits einen eigenen Ich-Ordner führen. Nehmen Sie dort auch noch alle Nachweise auf, die Sie außerdem für unersetzlich halten.

Den Reisepass können Sie ebenfalls in diesem Ich-Ordner verwahren; vielleicht in einem wattierten Briefumschlag, den Sie an die Innenseite des Ordners kleben. Und auf die andere Innenseite, ganz hinten, kleben Sie einen Kreditkartenordner für die ganzen Karten, die nicht mehr in die Brieftasche passen.

Nichts verloren haben im Ich-Ordner: Schulzeugnis der dritten Klasse, der Einspruch gegen einen Strafzettel, Omas Ariernachweis, die Gebrauchsanleitung für die Waschmaschine und die Teilnahmebestätigung am Volkslauf 1988.

Ordentliche Menschen legen ihre wichtigen Unterlagen in Plastikhüllen, denn Meisterbrief, Abiturzeugnis und Ähnliches sollten nicht gelocht werden. Die Urkunden werden so gegen Schmutz und Nässe geschützt. Beschriften Sie den Ordner eindeutig, zum Beispiel mit dem Wort »Ich-Ordner«, so finden sich im Notfall Menschen Ihres Vertrauens zurecht.

## Was spricht man auf Anrufbeantworter?

Immer wieder hinterlassen Menschen ewige Monologe auf dem Anrufbeantworter oder der Mailbox. »Na, ich wollte nur mal anrufen, aber du bist ja gar nicht da, deshalb …« Natürlich bin ich nicht da, sonst wäre ich ja rangegangen. »Die Laura hat mir nämlich gesagt, dass du …, aber das kann ich dir das nächste Mal sagen, obwohl ich glaube, na egal. Es ist wohl besser, wenn wir später noch mal telefonieren.«

Bitte fassen Sie sich kurz. Das heißt zwei Sätze. Stopp. Nicht mehr. Reden Sie nicht davon, was Ihnen durch den Kopf geht, sondern nur, was für den Angerufenen wichtig ist. Dafür reichen zwei Sätze. Es ist nicht unhöflich, sofort zur Sache zu kommen!

Nennen Sie bitte jedes Mal Ihren Namen, denn bei kurzen Nachrichten ist es nicht immer leicht, die Stimme zu erkennen. Und bitte sprechen Sie die hinterlassene Telefonnummer *deutlich* und *langsam* auf Band. Wie oft muss man sich ausführliche Unwichtigkeiten immer wieder von vorne anhören, weil ganz am Schluss die Telefonnummer hastig durchgenuschelt wurde, ausgerechnet die einzig relevante Information.

»Hier ist Sabine. Ruf mich an wegen morgen. 017 …« Die Nummer sollten Sie noch einmal wiederholen. Sie haben für die ganze Nachricht 20 Sekunden Zeit. Bitte halten Sie sich daran.

Übrigens, ein guter Trick, um wirklich zurückgerufen zu werden, ist: Sprechen Sie nur Ihre Telefonnummer aufs Band, und das mit verstellter Stimme. Der Angerufene wird vor Neugier platzen und unbedingt wissen wollen, wer dieser geheimnisvolle Mensch war. Funktioniert auch als Faxnachricht.

## Ordnung im Bücherregal

In fast jedem Regal herrschen chaotische Zustände: große Bücher neben kleinen, dicke Schinken übereinander gestapelt und zwischendrin auch noch die Lieblingszeitschriften.

Buchregalregel Nummer eins: Niemals stapeln, denn das sieht unordentlich aus, und man kommt nie an die gewünschte Ausgabe heran. Stellen Sie die Bücher hochkant auf, für Zeitschriften gibt es Schuber.

Trennen Sie Sachbücher von Belletristik; erstere nach Themen, die schöne Literatur entweder alphabetisch nach Verfasser oder chronologisch, die Neuerwerbungen hintereinander. Oder Sie stellen alle italienischen Autoren zusammen und in einem anderen Fach die Popliteraten. Jeder hat da eine andere Landkarte im Kopf. Hauptsache ist, Sie finden sich zurecht.

Viel schöner sieht es aus, wenn jede Reihe ein eigenes Gesicht hat: alle gebundenen Bücher auf Augenhöhe, Prachtbände zusammen als Blickfang, die Taschenbücher weiter unten einordnen. Versuchen Sie, gleich hohe Bücher nebeneinander aufzustellen und vermeiden Sie das Zickzack der Bücherrücken.

Zerfledderte Ausgaben, Schulbücher, Gebrauchsanweisungen und die grundsätzlich hässlichen Computerbücher räumen Sie besser ganz weit weg.

## Wie sieht eine korrekte Rechnung aus?

Ob Sie eine Rechnung bekommen oder selber stellen, sie muss einem bestimmten formalen Design folgen, um vom Finanzamt anerkannt zu werden.

Oben steht die vollständige Adresse des Rechnungsausstellers inklusive Postleitzahl und komplettem (!) GmbH

& Co. KG-Zusatz. Vergessen Sie das auf keinen Fall, sonst wird Ihnen die Rechnung zurückgeschickt – vom Rechnungsempfänger oder dem Finanzamt.

Es folgen Datum und Ort, die meistens rechts stehen, sowie – das ist Vorschrift – eine fortlaufende Rechnungsnummer, beispielsweise 1/2006 für die erste Rechnung im Jahr.

Ab einem Rechnungsbetrag von 100 Euro muss auf jeder Rechnung der Name und die vollständige Adresse des Rechnungsempfängers vermerkt sein. Das gilt auch für Restaurantquittungen! Ein Kassenbon reicht daher nicht. Splitten Sie lieber den Betrag in Belege unter 100 Euro, sonst wird eine Rechnung ohne Anschrift des Empfängers nicht vom Finanzamt anerkannt.

Es folgt schließlich das wichtige Wort Rechnung – nicht Quittung! Und nachfolgend führen Sie die zu berechnende Ware beziehungsweise Dienstleistung auf: »Hiermit erlaube ich mir, für … (Flötenunterricht, Werkzeugkasten, bei Fachbüchern muss der Titel genannt werden) XY Euro zu berechnen.«

Bei normalen, professionellen Rechnungen wird erst der Nettobetrag aufgeführt beziehungsweise bei mehreren Artikeln mehrere Nettobeträge, anschließend die Mehrwertsteuer und zuletzt der Bruttobetrag. Jeder Betrag ist in einzelnen Zahlen aufzuführen. Also: Ein Farbeimer: 10 Euro, plus 16 Prozent MwSt. 1,60 Euro ist gleich 11,60 Euro. Es reicht nicht, zu schreiben: 16 Prozent MwSt. inkl. Anders ist es bei Quittungen (Taxi, Bewirtung, Reinigung).

Die Mehrwertsteuer errechnet man, indem man die Nettosumme mit 1,16 multipliziert, oder, wenn Sie sie aus dem Bruttobetrag ziehen wollen, durch 1,16 dividiert. Für sieben Prozent dann eben mit 1,07.

Bei Büchern, Blumen, Kunst, Grundnahrungsmitteln, Bahnfahrten unter 50 Kilometer und anderem beträgt die Mehrwertsteuer 7 Prozent. Miete, Porto, Versicherungen sind mehrwertsteuerfrei, ebenso private Verkäufe. Bei Belegen auf dem Flohmarkt und beim Verkauf eines Gebrauchtwagens schreiben Sie einfach: »Dieser Betrag ist mehrwertsteuerfrei.«

Mehrwertsteuer dürfen Sie nur verlangen, wenn Sie dazu vom Finanzamt veranlagt wurden (ab 16 620 Euro Jahresumsatz) beziehungsweise wenn Sie es dort beantragt haben (bei einem Jahresumsatz unterhalb dieser Summe) und Umsatzsteuer auch versteuern.

Als Letztes darf die Steuernummer des rechnungsstellenden Unternehmens nicht fehlen. Sie wird inzwischen auf dem Kassenbon im Kaufhaus oder an der Tankstelle mit ausgedruckt. Wenn Sie jedoch selbst eine Rechnung schreiben beziehungsweise eine von einem Handwerker erhalten, achten Sie unbedingt darauf, dass die Einkommenssteuernummer vermerkt ist.

Rechnungen müssen, im Gegensatz zur Quittung, nicht unterschrieben werden.

Im Gasthaus müssen Sie unbedingt darauf achten, dass auf dem Beleg Ort, Anlass und bewirtete Personen aufgedruckt sind. Diese Angaben müssen Sie laut Finanzamt »zeitnah« eintragen, das heißt spätestens vier Tage nach der Bewirtung. Bei einer Steuerprüfung fallen alle nicht vorschriftsmäßig ausgefüllten Belege in den Papierkorb. Strafzettel, Geldstrafen und Mahngebühren können Sie nicht von der Steuer absetzen.

## Wie findet man Leute im Netz?

Dank der Suchmaschine Google oder anderen ist fast jede Information irgendwo zu finden, mit der Betonung auf irgendwo: Waas? 217 000 Treffer!? Egal ob Promi, Ahne oder Klassenkamerad – wie finde ich zwischen Unbekannten den oder die Richtige(n)?

Unerwünschte Treffer können Sie durch mit Minuszeichen versehene Wortreihen ausfiltern: »-Seehund«, »-Schlampe«, »-Gürtellinse«. Suchen Sie seriöse Auskünfte über eine Schauspielerin, schließen Sie die Sexsites mit »-Sex« aus, tippen also etwa »Heike Makatsch -Sex«.

Sie wollen wissen, was Ihr Geschäftspartner bisher gemacht hat oder was aus Klassenkameraden geworden ist? Setzen Sie den Vor- und Nachnamen in Anführungsstriche. So erhalten Sie nur komplette Katrin Schmidts und vermeiden Websites, in denen irgendwo eine Katrin und viel später ein völlig anderer Schmidt auftauchen.

Bei der Suche nach »Thaddäus Genswien« sind die Chancen natürlich größer als bei einer Recherche nach »Katrin Schmidt«. Gibt es gar zu viele Katrin Schmidts, versuchen Sie es mit weiteren Einschränkungen wie Ortsnamen oder Vornamen der Eltern.

Sie sparen viel Zeit, wenn Sie geschickt mit Minuszeichen, Anführungsstrichen und seltenen Begriffen jonglieren. Übrigens, Sie können in der Online-Recherche die Worte groß oder klein schreiben.

Erhalten Sie trotzdem keine Treffer? Probieren Sie es mit Websites wie www.wobistdu.com, www.personensucher.de, www.ahnenforschung.org oder dem größten Ahnenarchiv der Welt, der Homepage der Mormonen, www.familysearch.org.

Wenn Sie ausführliche Berichte suchen, etwa den gesamten Text von Einsteins Relativitätstheorie, beschränken Sie sich auf Pdf-Dateien.

Richtige Hardcore-Rechercheure googeln außerdem in englisch, suchen in den Online-Archiven von Zeitungen, im Online-Antiquariat unter www.zvab.com oder im Karlsruher Katalog (www.ubka.uni-karlsruhe.de/kvk.html). Und bei Amazon, sowohl .de als auch .com, finden Sie ebenfalls weitere Informationen. Wenn Sie ein Buch aufrufen, das Cover anklicken und bei der Funktion »Search inside the book« den gewünschten Begriff eingeben, dann erscheinen die Stellen in den digitalisierten Büchern, in denen das gesuchte Wort vorkommt.

## Woran man Lügner erkennt

Lügen, vortäuschen, schummeln, beschönigen, verschweigen, im Irrtum belassen – es gibt viele Möglichkeiten, nicht die Wahrheit zu sagen. Und es gibt ein paar Anzeichen, den anderen dabei zu ertappen; am leichtesten, wenn er ein schlechtes Gewissen hat. Denn Lügner verraten sich durch sogenannte Mikroexpressionen. Das sind winzige und schnelle Zuckungen im Gesicht wie Lippenlecken, Lidflattern, Innehalten vor dem entscheidenden Wort, ein kurzer Blick nach unten links – besonders schön auf dem Bill-Clinton-Video »I never had a sexual relation with this woman« zu erkennen. Bei echten Erinnerungen schaut man nach rechts. (Üben Sie das vor dem Spiegel.)

Lügner starren ihr Gegenüber besonders aufmerksam an, fassen sich unwillkürlich ins Gesicht, die Oberlippe glänzt. Sie übertreiben ihren Gesichtsausdruck, und die Erklärungen, ihre Körperbewegungen werden unruhiger, die Atmung wird flacher und der Tonfall meist höher. Mimik und Gestik widersprechen sich: Lügner rudern mit den Armen und zeigen gleichzeitig ein starres Gesicht. Oder andersherum, ein bewegliches Minenspiel, und die Fäuste liegen geballt auf den Knien.

Zum Glück für uns Lügner können Wahrnehmungspsychologen erst hinterher, nach ausführlichem Videostudium in *slow motion*, die Mikroexpressionen der Lügner entdecken. Auch Polizisten und Lügendetektoren fallen trotz aller Erfahrung und wissenschaftlicher Erkenntnisse immer noch auf uns herein.

Bleiben Sie beim Schwindeln möglichst nahe bei der Wahrheit, bringen Sie Ausreden nicht überraschend und unpassend plötzlich vor, niemand hat Sie gefragt. Um unverdächtig zu wirken, sollten Sie eventuell ironisch die berechtigte Anklage bestätigen, statt aufwendig zu leugnen. Werden Sie aber nicht verdächtig ausschweifend mit Ihren Erklärungen. Dann sollte es beim Flunkern auch klappen.

# Schuh- und Wäschekammer

## Frischekur für Sneakers

Man kann sie eigentlich immer tragen, bei jedem Wetter, zur Jeans oder zum Rock: Sneakers, formerly known as Turnschuhe. Eher wenig stilecht ist es, sie auszuziehen. Jedenfalls nicht, wenn andere dabei sind. Denn die praktischen Schuhe fangen mit der Zeit leider an, etwas zu äh, äh … müffeln. Vor allem im Sommer, denn da neigt man dazu, barfuß hineinzuschlüpfen.

Um dem unangenehmen Geruch vorzubeugen, ziehen Sie am besten Füßli an, und zwar aus Baumwolle. Das darf man heute – auch als Mann –, ohne als Spießer zu gelten. Zudem ist es besser für die Füße und verhindert peinliches Odeur.

Nach langem Tragen an heißen Tagen töten ein paar Runden im Heißlufttrockner Bakterien, die Verursacher des garstigen Geruchs, ab. Riechen die Schuhe immer noch, sprühen Sie sie mit einem Desinfektionsmittel oder einem Fußdeo ein. Oder Sie schütten gut zwei Esslöffel doppelsaures Natron (aus der Apotheke) in das Fußbett und lassen es über Nacht Feuchtigkeitsreste aus dem Schuh ziehen. Am nächsten Tag einfach ausstauben. Sie

können stattdessen auch zwei Päckchen Backpulver mit einem Spritzer Lavendel- oder Zitronenöl verwenden.

Übrigens, Sneakers putzt man am besten mit weißer Schuhcreme. Wenn Sie etwas Lebensmittelfarbe beimischen, leuchten sie wieder in ihren alten Farben. Hinterher sollten Sie sie imprägnieren.

## Wie passe ich in zu enge Schuhe?

Alle Orthopäden sollten jetzt bitte nicht weiter lesen. Denn – wir wissen es – zu enge und zu spitze Schuhe sind ungesund. Zehen verkümmern und verkrümmen, Hühneraugen, Hornhaut, Überbein sind die Folgen. So weit, so schlecht. Doch da sind sie, die schlanken, schicken Objekte der Begierde. Da muss der Fuß rein. Nur wie?

Leichter geht's, wenn Sie ein Schnapsglas reinen Alkohols hineinschütten (keine Sorge, der Alkohol ruiniert das Leder nicht), gleich anziehen – am besten mit Strümpfen –, und schon dehnt sich das gute Stück. Eine Variante dazu: Sie tränken eine Wollsocke mit Alkohol, ziehen sie über einen Schuhspanner und lassen sie so eine Nacht in den Pumps einwirken.

Oder Sie »dämpfen« die Schuhe. Überbrühen Sie ein Geschirrtuch mit kochendem Wasser, wringen Sie es aus – benutzen Sie Gummihandschuhe – und wickeln Sie die Schuhe darin ein. Danach eine halbe Stunde »ziehen« lassen, bei Bedarf können Sie den Vorgang wiederholen.

Ein anderer alter Schuhverkäufertrick: Einen Eßlöffel kochendes Wasser in die Ferse schütten, kurz einwirken lassen, auskippen – passt.

Morgens sind die Füße am kleinsten. Passende Schuhe sollten Sie deshalb erst am Nachmittag kaufen. Wenn Sie abends in enge Schuhe schlüpfen wollen, legen Sie die Füße eine Stunde hoch oder nehmen Sie ein eisiges Fußbad.

Übrigens: Alle »Rezepte« gelten nur für enge Schuhe – sind die guten Stücke zu klein, ist leider nichts zu machen.

## Wie bleibt Buntes farbig?

Wer heute Jeans kauft, muss sie nicht erst x-mal waschen, bis sie den gewissen Used-Look hat. Und auch das neue knallgelbe Kleid sieht leider vor der ersten Wäsche am besten aus. Doch mit ein paar Tricks können Sie die Lebensdauer der Farben verlängern.

Gönnen Sie Jeans, die ihre Farbe behalten sollen, ein Bad. Füllen Sie die Badewanne fünf Zentimeter hoch mit kaltem Wasser, streuen Sie eine Handvoll Salz hinein und tauchen Sie die neue Jeans darin für eine Stunde ein. Danach waschen Sie sie im Kaltwaschgang der Waschma-

schine. Alte Jeans leben wieder auf, wenn sie mit einer neuen zusammen gewaschen werden.

Ein Tipp für Buntwäsche: Mit einem halben Glas Obstessig in der Waschtrommel bleibt das Rot länger rot, das Gelb gelb. Schwarzer Tee (im Beutel) dunkelt schwarze Stoffe bei der Handwäsche nach, und (ausgepresste) Zitronenhälften hellen weiße Baumwolle auf.

Oder Sie geben Färbemittel in die Waschpulverkammer und starten die Maschine ohne Waschpulver. Wichtig: Die Kleidung müssen Sie vorher komplett nass machen, sonst verteilt sich die Farbe ungleichmäßig.

Grundsätzlich sollten Sie alles Farbige mit Feinwaschmittel und mit der Innenseite nach außen waschen.

Übrigens, auch für Kochwäsche reicht ein Waschgang mit 60 Grad völlig aus; in professionellen Wäschereien gibt es selbst für blutige Metzgerschürzen und ölverschmierte Monteursoveralls keinen Kochwaschgang. Das schont Farbe, Gewebe, Umwelt und Geldbeutel. Sauber wird die Wäsche trotzdem.

## Was muss nicht wirklich in die Reinigung?

Immer mehr Kleidung verlangt laut Etikett eine chemische Reinigung. Damit sichern sich die Hersteller gegen mögliche Beschwerden ab. Aber trotzdem kann man einiges in die Waschmaschine werfen.

Dessous können ruhig im Wäschesäckchen oder in eine Socke gestopft bei 30 Grad mit Feinwaschmittel in der Waschmaschine normal gewaschen werden.

Haben Sie das gute Stück schon ein paar Mal getragen und wollen Sie es diesmal nicht wegen ein paar Flecken in die teure Reinigung geben, bürsten Sie Trockenshampoo in den Stoff. Schweiß- und Kneipengeruch verzieht sich, wenn Sie das Kleidungsstück über dampfendes Essigwasser hängen.

Baumwolle und Synthetics beziehungsweise deren Mischung sind meist waschmaschinentauglich, solange sie nicht beschichtet, imprägniert oder mit Einlagen versteift wurden und nicht aus verschiedenen Stoffarten bestehen.

Einfarbige, dunkle Textilien aus einem einzigen Material leiden unter einem Waschgang weniger als heller, flauschiger Materialmix, Seide und Leder.

Anzughose und -jackett müssen immer gleichartig gereinigt werden, sonst verändert sich nur die Farbe eines Teils. In der Waschmaschine sollten Sie die Kleidungsstücke immer links, also mit der Farbseite innen, waschen, immer mit Feinwaschmittel, aber ohne Weichspüler und nur bei 30 Grad. Natürlich ist es ratsam, auch bei niedrigen Temperaturen Weiß und Dunkel zu trennen.

Pelzfutter reinigen Sie mit Talkum. Lassen Sie den Puder ein paar Stunden einwirken und schütteln Sie ihn danach gründlich aus.

Wolle kann schonend mit Mehl gereinigt werden. Richtig einstauben und kräftig ausbürsten – das Mehl nimmt den Schmutz mit. Wem das nicht reicht, steckt seinen Wollstoff in ein handwarmes Wasserbad mit Haarshampoo und walkt es durch. Anschließend müssen Sie mehrmals kalt spülen, dann das Kleidungsstück auf einem Handtuch ausbreiten und vorsichtig zurechtzupfen.

## Wie reinigt man Wildleder?

Taschen, Gürtel, Jacken oder Schuhe aus Wildleder: So chic und sauber sie (am Anfang) aussehen, so schmutzanfällig sind sie auch. Für die fachmännische Pflege braucht es Mut und Überwindung.

Sie müssen das Leder in handwarmes Wasser tauchen und wie einen Wollpulver waschen. Statt Feinwaschmittel schütten Sie zwei Schnapsgläser voll Saddle Soap (Sattelseife), Schmier- oder Kernseife in die Badewanne; diese Seifen fetten nach und sind nicht parfümiert. Das Leder soll hinterher ja nicht nach Oleander oder Jasmin duften. Dann breiten Sie alles auf einem Handtuch über dem Wäscheständer aus, zupfen verzogene Nähte gerade und lassen es vier Tage trocknen. Nur bitte nicht in der Nähe von Heizkörpern!

Für die berühmten *blue suede shoes* gibt es spezielle Gummi- und Kupferdrahtbürsten und Radiergummi. Wenn das nicht hilft, müssen die Schuhe rein ins Waschbecken. Stopfen Sie sie anschließend mit Zeitungspapier aus und lassen sie trocknen. Danach sollten Sie sie unbedingt imprägnieren.

Wenn Sie hinterher mit einer Veloursbürste oder der groben Seite eines Haushaltschwammes das Leder auf-

Leder-Reinigung

rauen, stellen sich die Härchen wieder auf – und das gute Stück sieht aus wie neu. Hartnäckige Flecken darf man auch mit extra feinem Sandpapier abschmirgeln.

Generell gilt: Leder lieber lüften als waschen. Blut bekommt man mit kaltem Wasser heraus, Brandflecken kann man mit einer Münze wegreiben. Niemals sollten Sie Terpentin und Waschbenzin benutzen, Fleckentferner nur bei Fetten, Farben, Lacken, Lippenstift, Kuli oder Speisen.

## Wie rettet man verfilzte Wolle?

»Warum hast du meinen Lieblingspullover zu heiß gewaschen?« Diese Frage belastet so manche Beziehung. Wer auch immer für das Malheur verantwortlich ist, es gibt ein paar Methoden, mit denen man versuchen kann, die Filzdecke wieder in einen Pullover zu verwandeln.

Legen Sie das schöne Stück in warmes Wasser mit Shampoo. Nach einer Viertelstunde spülen Sie es warm durch, nehmen es heraus und massieren das Wasser aus dem Stoff. Anschließend breiten Sie den Pullover auf einem Handtuch aus und zupfen ihn vorsichtig zurecht.

Ein altes Hausmittel ist auch der Sud weißer Bohnen. Kochen Sie eine Handvoll der stärkehaltigen Hülsenfrüchte und passieren Sie diese durch ein Haarnetz. Nach einem Shampoobad legen Sie den Pullover in die sehr wässrige Suppe ein und walken ihn für ein paar Minuten vorsichtig durch. Anschließend verfahren Sie wie oben beschrieben. Der Versuch lohnt sich.

Etwas brutaler ist die Schockmethode; danach ist der Pulli entweder gerettet, oder Sie können ihn endgültig wegschmeißen. Tauchen Sie den verfilzten Pullover zuerst in sehr heißes, aber nicht kochendes Essigwasser und anschließend in sehr kaltes Essigwasser. Danach wie üblich im Waschbecken auswalken und auf einem Handtuch ausbreiten.

Verwaschene Wollsocken werden wieder weich, wenn sie über Nacht in Wasser liegen, in das eine rohe Kartoffel gerieben wurde.

Damit es gar nicht so weit kommt, waschen Sie Wolle stets mit Shampoo und etwas Glyzerin, ein Esslöffel auf zehn Liter. Wenn Sie in der Maschine waschen, sollten Sie Wollsachen vorher in einen Kissenbezug packen; das schont das Gewebe. Wollkleider sollte man nie auf Bügel hängen, sondern stets liegend lagern!

Übrigens, fusslige Pullover verlieren weniger Haare, wenn Sie diese für ein paar Minuten ins Tiefkühlfach legen, verpackt in eine Plastiktüte.

Blanke Stellen in Wollhosen oder Sofabezügen rücken Sie mit Bürste und Waschwasser und einem Schuss Salmiakgeist zu Leibe, ein Teelöffel pro Liter. Danach sollten die schäbigen Stellen verschwunden sein.

## So riecht Wäsche gut

Das Hemd ist sauber, frisch gebügelt, und trotzdem riecht es leicht muffig? So ungelüftet und abgestanden? Sie wollen aber keine ökologisch bedenklichen Zusatzmittel verwenden und das Waschpulver nicht becherweise reinschütten, weil sonst eklige Klumpen bleiben? Dann haben Sie drei Gelegenheiten, für angenehmen Geruch zu sorgen: beim Waschen, beim Trocknen und schließlich in der Schrankablage.

Geben Sie etwas Badesalz zum Waschmittel oder in den

letzten Spülgang, dann verströmen Blusen und Bettlaken einen angenehmen Duft.

Wäsche darf zwar ruhig 24 Stunden in der Trommel bleiben, aber nur einen Tag auf dem Wäscheständer. Schlagen Sie sie kräftig (!) aus, dann haben Sie hinterher weniger Mühe beim Bügeln, und spannen Sie die Wäsche stets über zwei Streben. Wichtig ist es, zu spannen, nicht zu krumpeln! Stellen Sie den Wäscheständer in einem gut belüfteten Raum bei offenem Fenster auf. Scheint die Sonne, umso besser.

Im Wäscheschrank verströmt eine Packung Seife, eine leere Parfümflasche oder Löschpapier mit ein paar Tropfen Limonenöl beziehungsweise Rasierwasser zwischen den Wäschestapeln ein dezentes Aroma. Zitrusdüfte wirken frischer als Moschus, Patschouli und süßliche Vanille. Aber das ist Geschmackssache. Bei allen Duftmitteln tasten Sie sich vorsichtig an die richtige Dosierung heran.

Zedernholz, getrockneter Waldmeister oder Wermutkraut hält Motten fern und stinkt nicht so wie normales Mottenpulver, muss aber alle paar Monate ausgetauscht werden. Keine Schuhe oder Zeitungspapier im selben Schrank aufbewahren, dann ist alle vorherige Mühe vergebens. Wischen Sie die Fächer ab und an mit Essigwasser aus. Wenn die Hemden jetzt immer noch müffeln, hilft nur noch ein Deo.

## Welche Größe hat sein Hemd?

Sie stehen ratlos in der Herrenhemd-Abteilung, weil Sie weder Kragengröße noch Armlänge Ihres Mannes kennen … Sie können jetzt nach Hause laufen, um sein Hemd aus der Wäsche zu fischen, oder aber sich an einen Verkäufer mit ähnlicher Statur wenden. Die Körpergröße

und das ungefähre Gewicht Ihres Partners kennen Sie hoffentlich.

Kleinere Männer haben Kragenweite 37/38, das entspricht einem *Small* beziehungsweise der amerikanischen 15er-Größe. *Medium* beginnt offiziell bei einer Kragenweite von 39/40 (amerikanisch 16). Doch heutzutage macht das jeder Hersteller, wie er will, und ein durchschnittlich großer Mann (180 Zentimeter, 80 Kilogramm) gilt auch mal als *Large* (Kragenweite 41/42, amerikanisch 16½) oder als XL (43/44 beziehungsweise 17). Danach kommen die XXL- bis XXXXL-Größen (45 bis 52). Jugendliche, sportliche Mode ist generell eher größer angelegt. Da kann einem mittelgroßen Mann ein *Small* passen, während der konservative Anzug sich hingegen als *Large* ausgibt.

Was Männer oft beim Hemdenkauf falsch machen: Beim Kragen darf hinten kein Spalt klaffen, außerdem sollte er bis zum Adamsapfel reichen. Aus dem Hemd darf kein Brusthaar quellen, Kragen und Manschetten müssen aus dem Jackett hervorschauen.

Die meisten Männer sind in Kleidungssachen konservativ und können sich nicht spontan über ein neues Hemd freuen. Lassen Sie ihm Zeit, sich daran zu gewöhnen. Wenn Sie ihn zu einem neuen Stil missionieren wollen, gehen Sie in kleinen Schritten vor.

Aber im Ernst: Umtauschen ist im Fall des Falles ja auch kein Drama. Das macht er dann am besten selber.

# Hobbyraum

## Wie sehe ich auf Fotos gut aus?

Es ist jedes Mal derselbe Frust: Das dumme Gesicht auf dem Foto bin ich. Warum wird der Auslöser genau dann gedrückt, wenn ich dick und doof aussehe?

Machen Sie sich locker. Nicht auf den erlösenden Klick warten – braucht der Fotograf ewig, binden Sie sich die Schuhe zu oder laufen herum.

Meiden Sie hartes Licht, beispielsweise bei Mittagssonne. Abend- und Morgenlicht und die Schatten von Bäumen wirken wie Weichzeichner.

Die beste Kopfhaltung ist das Dreiviertelprofil: Beide Augen sind noch zu sehen, aber die Nase sticht nicht hervor.

Für eine gute Ausstrahlung sollten Sie sich an ein Erfolgserlebnis oder eine erotische Situation erinnern. So leuchten Sie von innen.

Kinn beiseite gedreht oder ein klein wenig von oben aufgenommen, wirkt das Gesicht schlanker. Ist Ihr Gesicht auf Fotos jedoch zu schmal, versuchen Sie es mit leichter Sicht von unten. Dazu passt ein Blick in die Ferne.

Von unten aufgenommen erscheint man selbstbewusst, mit strengem Blick aber auch unsympathischer.

Versuchen Sie eine Spannung durch Ihren Körper zu leiten. Nehmen Sie dazu eine Position ein, in der Arm- und Beinmuskeln beschäftigt werden – wie beim Schlittschuhlaufen, Äpfelpflücken oder Strümpfe anziehen. Wenn Sie Ihre Arme heben, zum Beispiel sich an den Hinterkopf greifen, kommt die Büste gut zur Geltung.

Ihre Arme sollten Sie nicht verschränken, Hände weder

vorn noch hinten falten. Breite Hüften und eine Spur zu dicke Schenkel können Sie kaschieren, wenn Sie ein Bein versetzt hinter das andere stellen. Dicke Bäuche werden im Liegen unsichtbar, dabei die Knie anwinkeln.

Und zu guter Letzt: Keine Zooms – die machen das Gesicht flach – oder Weitwinkel – die zeigen jede Hautunreinheit. Zwei Meter Abstand oder ein Teleobjektiv sind weitaus schmeichelhafter.

## Fotos retten

Alte Fotos sind Erinnerungen an Freunde und vergangene Zeiten. Jahre später bedauert man oft, dass man zwar Bilder von allen Ferien, aber keine Bilder von seinem Alltag hat, den Kollegen, mit denen man gemeinsam in der Firma angefangen hat, dem ersten Auto, der zweiten Wohnung. Noch trauriger ist es, wenn die alten Bilder verblassen oder verdreckt sind.

Fleckige Fotos baden Sie am besten sofort in handwarmem Wasser mit einem Spritzer Spülmittel. Reiben Sie vorsichtig die Flecken mit dem Finger weg, aber niemals Fingernägel oder andere spitze Gegenstände benutzen. Legen Sie das feuchte Foto anschließend mit der Bildseite nach oben auf Küchenkrepp und tupfen Sie vorsichtig die Feuchtigkeit mit stark saugendem Papier ab.

Verblasste Fotos reiben Sie mit einem in Spiritus getauchten Wattebausch oder -stäbchen ab, dann kehren die ursprünglichen Farben zurück.

FOTOS

Sind Fotos in der Digitalkamera verschwunden? Programme wie das kostenlose *Digital Image Recovery* oder *Photo Rescue* finden die abgestürzten Bilddateien hoffentlich wieder.

Blasen Sie mit einem Fön auf die Rückseite der Albumseite, wenn Sie Fotos herausnehmen wollen. Durch die Hitze löst sich (hoffentlich) der Klebstoff. Oder Sie probieren es mit Zahnseide. Schlingen Sie ein Stück des feinen Fadens um die Klebestellen und »erdrosseln« Sie sie. Feucht gewordene und verklebte Fotos packen Sie in Gefrierbeutel und anschließend in den Kühlschrank.

Mit Cola trimmt man Fotos auf alt. Nach ein paar Minuten Einweichen bekommen sie einen Stich Sepia.

Schützen Sie Ihre Fotos auf jeden Fall vor Feuchtigkeit und direktem Sonnenlicht.

## Wie entfernt man lästige Aufkleber?

Preisschilder, Etiketten, Vignetten mögen ihren Zweck haben, aber irgendwann will man sie loswerden – und dies ohne hässliche Reste, ohne den Untergrund zu verletzten und sich die Fingernägel zu ruinieren.

Probieren Sie es zuerst mit Wasser, eventuell mit einem Mikrofasertuch nachreiben, dadurch vermeiden Sie Kratzer. Nach einer anderen Methode drückt man einen Tesafilmstreifen auf die Klebereste und zieht sie danach ab. Aber bitte nicht auf Tapeten oder gestrichenen Wänden ausprobieren!

Bleiben die Aufkleber hartnäckig, nehmen Sie Fett, beispielsweise Babyöl, Margarine oder Lippenbalsam, und rubbeln Sie die Rückstände damit ab. Vorsichtig können Sie sich mit ein paar Tropfen Speiseöl auch an Aufkleber auf der Tapete wagen.

Reinigungsbenzin, Spiritus und Nagellackentferner eignen sich für Fliesen, Metall und Glas, nicht aber für Lack und nur eingeschränkt für Plastik. Auch hartnäckige Kaugummireste wird man so wieder los.

Klebestreifen auf Glas entfernen Sie vorsichtig mit dem Schaber für das Cerankochfeld.

Aufkleber auf der Autokarosserie erwärmen Sie vor dem Abziehen einfach mit einem normalen Fön, keinem Heißluftfön. Im Bastelgeschäft gibt es außerdem Etikettenentferner, Profis benutzen den Spezial-Löser »Ultra« von Nigrin oder den Folienradierer, einen Aufsatz für die Bohrmaschine aus dem Autozubehörhandel.

## Wie bringt man CDs mit Sprung wieder zum Laufen?

Es ist alles bereit: Die Kerzen brennen, der Sekt ist kalt, die richtige Musik ist eingelegt … Doch dann, was ist das? Die Musik setzt aus, hüpft nach vorne, dann Stille. Ausgerechnet meine Lieblings-CD meldet sich nicht mehr!

Um den Abend zu retten, versuchen Sie es mit einem – nun ja, nicht wirklich alten – Hausmittel gegen Mini-Kratzer. Polieren Sie mit Zahnpasta und einem weichen

Tuch über die Macke und zwar quer zu den Rillen, nicht rund! Waschen Sie anschließend die CD mit lauwarmem Wasser ab.

Übrigens, holpert die Musik am Anfang, ist der Kratzer mehr in der Mitte der CD zu finden, nicht außen wie bei Langspielplatten.

Die professionellere (aber auch etwas teurere) Variante, Schäden aus CDs zu polieren, sind Reparatursets, die aus Poliergerät, Reinigungsmittel und sehr feinem Schmirgelpapier bestehen. Wenn Sie dafür weder Geduld und Geschick haben, packen Sie die CD in einen Gefrierbeutel und legen Sie sie zwei Stunden ins Gefrierfach. Computerfreaks machen das auch mit ausgebauten Festplatten, um verlorene Dateien zu retten. Es funktioniert nicht immer, schadet aber nicht.

Wem das alles zu kompliziert und unsicher ist oder wer eine CD mit einem hartnäckigen Lesefehler hat, der kann sich auch vom Profi helfen lassen. Der Reparaturservice kostet im Schnitt zwei Euro pro CD. Infos finden Sie im Internet beispielsweise unter www.cd-clinic.com.

## Messer, Scheren und Sägen schärfen

Das ist jetzt was für Outdoorfreaks, Survival-Kids, dem Rüdiger Nehberg in uns – also für jede elegante Frau, die mal so richtig überraschen will.

Messer können an jedem nassen, feinkörnigen Stein gewetzt werden, zum Beispiel an Blumentöpfen, Ziegelsteinen oder Dachschindeln. Aber achten Sie auf den richtigen Winkel: für Küchenmesser sehr flach bei etwa 10 bis 15 Grad, schärfere Haumesser bei 20 bis 25 Grad und echte Mörderwaffen zum Ausbeinen bei 35 Grad. Schleifen Sie gleichmäßig, im selben Winkel vom Klingenende zur Spitze hin; lassen Sie es dabei langsam angehen. Auf Geschwindigkeit kommt es hier nicht an. Üben Sie an normalen Schleifsteinen aus dem Haushaltsbedarf, bevor Sie sich in die Wildnis aufmachen und über Diamantpaste und japanische Porzellanmesser fachsimpeln.

Reinigen Sie Stahlmesser niemals unter heißem Wasser, denn Stahl reagiert auf Wärme, und beim nächsten Schleifen könnten winzige Zacken ausbrechen.

Unschöne Flecken auf Messers Schneide entfernt man mit Salz. Geben Sie eine Messerspitze davon auf einen nassen Korken und reiben Sie die Klinge damit ab. Hinterher müssen Sie sie abspülen und gut abtrocknen. Mit einer halben Kartoffel lassen sich Säureflecken im Stahl ausreiben.

Schwer gängige Haushaltsscheren sprüht man mit Backofenspray ein und reinigt sie nach dem Einwirken mit einem feuchten Tuch. Stumpfe Scheren werden wieder scharf, wenn Sie ein paar Mal durch feines Sandpapier schneiden.

Bohren Sie Ihre Nähmaschinennadel durch ein Stück Schmirgelpapier, dann sticht sie wieder.

Sägen bleiben länger scharf und werden vor Rost geschützt, wenn man sie hin und wieder mal mit einer Speckschwarte oder Kernseife einreibt.

## Wie man Lampen anschließt

Drehen Sie als Erstes die Sicherung heraus. Sie müssen nicht unbedingt die Hauptsicherung entfernen, dann haben Sie in der ganzen Wohnung keinen Strom mehr. Stecken Sie ein eingeschaltetes Radio in die nächstgelegene Steckdose und probieren alle Sicherungen aus. Verstummt das Radio, haben Sie die richtige gefunden.

Normalerweise teilen sich drei, manchmal auch fünf Kupferkabel eine Leitung. Jedes Kabel ist von einem anders farbigen Mantel umhüllt: Das gestreifte ist meist die

BRZZZL

geerdete Leitung (Erde), das schwarze oder braune der Minus-Pol und das rote Kabel der Plus-Pol.

Streifen Sie mit einem Kabelschneider oder einem scharfen Messer einen Zentimeter von der Ummantelung ab, der Kupferdraht sollte sich nicht ausfransen.

Nun brauchen Sie eine Lüsterklemme, die herkömmlichen erinnern an Legosteine. Lösen Sie die kleinen Schräubchen, führen unter jedem ein Kabel ein und schrauben Sie sie fest. An der anderen Seite der Lüsterklemme schließen Sie nun genauso die Kabel der Lampe an. Es sollten nur Kabel mit gleichfarbigem Mantel gegenüber in der Lüsterklemme liegen und miteinander verbunden werden! Keinesfalls gestreifte Kabel mit einfarbigen verbinden! Braun auf schwarz oder rot auf blau hingegen ist nicht so tragisch.

Moderne Lüsterklemmen sehen etwas anders aus. Für jedes Kabel gibt es eine eigene Klemme, die wie ein rechteckiges Haimaul aussieht. Man steckt sie auf jedes einzelne Kabel, drückt das Plastikmaul zusammen und führt das Gegenkabel ein. Sitzt die Klemme fest, ist der Kontakt vorhanden.

In alten Leitungen gibt es manchmal nur zwei Kabel, dann fehlt die Erde. Bei manchen Leuchtern mit mehreren Birnen gibt es hingegen zu viele Kabel. Dann müssen Sie jeweils zwei Lampenkabel von der einen Seite in die Lüsterklemme zwängen, natürlich streng gleichfarbige, und auf der anderen Seite das entsprechende Wandkabel.

Die Lampe brennt nicht, obwohl Sie alles richtig gemacht haben? Halten Sie einen Phasenprüfer an die Schräubchen in der Lüsterklemme oder direkt an das Kupferkabel. Ein Phasenprüfer ist ein kleiner Schraubenzieher mit einer Glühbirne im Inneren, die aufleuchtet, wenn Strom im Kabel ist – keine Angst, Sie bekommen keinen Schlag. Leuchtet der Phasenprüfer nicht, sitzt vermutlich das Kabel nicht fest in der Lüsterklemme. Natürlich müssen Sie vorher die Sicherung eindrehen, bevor Sie den Strom prüfen.

## Wie man Löcher bohrt

Man wird erst richtig zum Mann, wenn man sich an den Schlagbohrer herantraut – das gilt selbstverständlich auch für Frauen.

Steinbohrer für Fliesen, Keramik und Wände erkennt man an den kleinen Vorsprüngen an der Spitze des Bohraufsatzes. Holzbohrern fehlt dieser Wulst. Bei weichem Gestein und Altbauwohnungen setzen Sie lieber eine Größe kleiner an, die Löcher brechen leicht aus.

Stromleitungen verlaufen stets waagrecht oder senkrecht zur Stromquelle (Steckdose, Lampe), niemals krumm oder diagonal. Dort können Sie also unbesorgt bohren. Vorsicht gilt bei Türen in Altbauten, da manchmal Leitungen um den Türrahmen unter Putz verlegt wurden.

Bei Fliesen hämmern Sie vorher mit einem Stahlnagel ein winziges Loch, dann rutscht der Bohrer nicht ab.

Empfindliche Lasur können Sie mit Klebeband abdecken, dann springt sie nicht so leicht. Bohren Sie aber vorzugsweise in den Fugen zwischen den Fliesen.

Zu große Löcher können mit Gips, Papier oder abgebrochenen Streichhölzern verengt werden. Oder Sie stopfen Stahlwolle hinein, Dübel und Schrauben finden darin einen sicheren Halt.

Überflüssige Löcher können mit Zahnpasta kaschiert werden.

Alte Dübel dreht man vorsichtig mit einem Korkenzieher, Bohrer oder einer Häkelnadel aus der Wand, niemals mit einem Schraubenzieher herausstechen.

Beim Herausziehen lassen Sie den Bohrer bei niedriger Geschwindigkeit weiterlaufen, möglichst in entgegengesetzter Richtung.

Um lästigen Staub zu vermeiden, kleben Sie einen Briefumschlag oder einen Kaffeefilter unter das Bohrloch. Oder Ihr Partner fängt das Bohrmehl mit dem Staubsauger auf.

Ist doch gar nicht so schwer, ein Mann zu werden, oder?

## Wie man festsitzende Schrauben löst

Ein guter Trick ist, die Schraube mit Cola zu beträufeln und zwei bis drei Minuten einwirken zu lassen, bevor man das Ding aus der Wand schraubt.

Wenn die Schraube immer noch nicht raus will, erhitzen Sie den Schraubenzieher. Durch die Drehversuche dehnt sich auch die Schraube und kann nach dem Erkalten (viel)leicht herausgedreht werden.

Sie will sich trotzdem nicht lösen? Ein paar Tropfen Wasserstoffsuperoxyd oder Kontaktspray können wahre Wunder bewirken.

## Was tun bei Rost?

Rostbildung ist eigentlich nichts anderes als langsames Verbrennen. Sehr langsames Verbrennen. Meist trifft es Gegenstände, die man nicht so oft braucht und deshalb gut verstaut irgendwo aufbewahrt. Und was machen die Gartenschere, die Beißzange oder das Backblech im Keller? Sie rosten. Aber die Dinge sind viel zu schade, um sie gleich wegzuschmeißen. Was gegen Rost hilft:

Erhitzen Sie angerostetes Metall und reiben Sie es mit einem in Öl und Salz getränkten Papier ab.

Rostige Stahlteile können Sie einige Tage in Olivenöl legen, dann die rostigen Stellen mit einem Korken oder feinem Schmirgelpapier bearbeiten. Dann reiben Sie sie mit einem Brei aus Essig und feinem Sand ab und polieren sie anschließend mit Leder.

Außerdem ist es möglich, die angerosteten Stellen zu erhitzen und mit Bienenwachs zu bestreichen. Anschließend reiben Sie die erkaltete Wachsschicht mit einem Wolllappen ab, den Sie mit feuchtem Salz bestrichen haben.

Mit einer Paste aus Essig und Kleie oder Mehl können Stahlgegenstände poliert werden.

Eingerostete Scheren legen Sie kurz mit etwas Melkfett in kochendes Wasser. Danach schneiden sie wie zuvor.

Ein kleines Stück Holzkohle oder Kreide im Werkzeugkasten saugt Feuchtigkeit auf und schützt Nägel und Werkzeug vor Rost. Baden Sie bereits angerostete Werkzeuge in Petroleum und wischen Sie sie hinterher mit Küchenpapier ab.

Rostige Schlüssel werden in Terpentin nicht nur sauber, sondern schließen danach auch leichter.

Roststellen an Bügeleisen bestreiche man mit ein wenig Butter und Salz. Dieser Anstrich muss einige Zeit einwirken und wird dann mit einem groben Tuch abgewischt. Das Eisen wird so wieder blank.

Legen Sie in der nassen Jahreszeit dicke Lagen Zeitungspapier unter die Fußmatte Ihres Autos. Die Feuchtigkeit dringt dann nicht bis aufs Blech durch.

Das schmiedeeiserne Gartentor rostet nicht, wenn Sie es mit Autopolitur einreiben.

Backbleche können Sie mit Speiseöl einreiben, dann rosten sie nicht, wenn sie länger nicht benutzt werden.

Fahrradspeichen werden von Rost geschützt, wenn man sie mit Klar- oder Nagellack bestreicht.

Ein Streifen Alufolie in der Spülmaschine bewahrt empfindliches Besteck vor Rost. Stahlwolle und Stahlschwämmchen rosten nicht in Tontöpfen und Gefrierbeuteln.

(Siehe dazu auch »Fleckenfibel«, Abschnitt »Rostflecken entfernen« auf Seite 275).

## Alptraum feuchte Wände

Kartoffeln und Wein mögen es vielleicht feucht und kühl, aber für uns sind klamme Räume alles andere als angenehm. Feuchte Wände und Schimmel zerstören nicht nur das Haus, sondern machen auch krank.

So testen Sie Ihre Wände auf Feuchtigkeit: Pinnen Sie ein Stück Gelatine mit einer Reißzwecke unter einer Pappe an die Wand. Ist die Gelatine am nächsten Tag verschwunden, hat sich der Verdacht bestätigt.

Oft sind neue Isolierfenster die Ursache. Heizen und lüften Sie deshalb richtig: stündlich das Fenster für ein paar Minuten ganz öffnen. Kipplüftung ist sinnlos, da sich die Heizung meist unter dem Fenster befindet und so die Wärme direkt nach draußen geht und die verbrauchte Luft im Zimmer bleibt. Bei spaltbreit geöffneten Türen zieht die Feuchtigkeit ins nächste Zimmer, also schließen Sie die Tür oder sorgen Sie für kompletten Durchzug und heizen Sie in jedem Zimmer.

In feuchten Kellern können Sie eine große, flache Schale oder ein Blech mit frisch gebranntem Kalk aufstellen, da dieser die Luftfeuchtigkeit aufnimmt.

Hat sich bereits Schimmel gebildet, müssen Sie befallene Stellen mit 70- bis 80-prozentigem Ethylalkohol reinigen, aber ohne Staub aufzuwirbeln. Es besteht Brand- und Explosionsgefahr!

Ein Anstrich mit Kalk- oder Silikatfarben hält Räume trocken; Kalk ist ein natürlicher Pilz- und Schimmelfeind. Kasein, Lacke und Kunststofffarben eignen sich nicht für feuchtigkeitsanfällige Wände.

Fragen Sie die Energieberater einer Verbraucherzentrale oder Ihrer Kommune um Rat, denn gegen viele Ursachen wie zum Beispiel steigendes Grundwasser, Baufehler oder verstopfte Abwasserleitungen helfen diese kleinen Tricks auch nicht mehr. Erkundigen Sie sich bei mindestens zwei Experten, damit Sie auch die richtige Ursache finden und die teuren Maßnahmen nicht auf bloßen Verdacht und aus Geschäftssinn erfolgen. Da haben viele Hausbesitzer schon üble Erfahrungen gemacht.

# Balkon und Garten

## Richtig grillen

Herrliche Düfte von Würstchen und gegrilltem Fleisch durchziehen die Nachbarschaft. Von April bis September dürfen Mieter nach der allgemeinen Rechtssprechung einmal monatlich auf Balkon oder Terrasse grillen. Informieren Sie die Nachbarn achtundvierzig Stunden vorher.

Grillen ist zwar Männersache, aber trotzdem kann ein bisschen kluges Dreinreden nicht schaden, oder? So geht's, Männer:

Die Holzkohle zu einer flachen Pyramide aufschichten und die locker verteilten Grillanzünder (keinen Brennspiritus) anzünden. Die Kohle etwa dreißig Minuten durchglühen lassen, anschließend den Rost auflegen. Sie sollten die Hand zwei Sekunden über der Glut halten können. Ist es zu heiß, stellen Sie den Rost eine Stufe höher.

Das Grillgut sollte Zimmertemperatur haben. Mariniertes nehmen Sie deshalb mindestens eine Stunde vorher aus dem Kühlschrank und tupfen es ab, denn die Marinade darf nicht ins Feuer tropfen.

Kalb- und Wildfleisch eignet sich nicht zum Grillen, Geflügel sollten Sie mit Fett grillen, sonst wird es trocken.

Das Fleisch darf weder angeschnitten, aufgespießt noch mit Bier oder Öl begossen werden, da sonst Fleischsaft in die Glut tropft und sich krebserregender Rauch bildet.

Wenden Sie die Steaks und Koteletts, sobald der Fleischsaft oben austritt. Drücken Sie mit einem Löffel auf das Fleisch. Wenn es sich leicht eindrücken lässt, ist es noch blutig; fühlt es sich elastisch an, ist es innen rosig. Gesalzen wird das Fleisch erst nach dem Grillen, da es sonst austrocknet.

Nach dem Grillen lassen Sie die Glut und Asche erkalten. Nur wirklich kalte Asche kommt in den Mülleimer.

Doch damit ist das Grillen noch nicht zu Ende. Jetzt geht's ans Putzen. Auf den noch warmen Grill sprühen Sie am besten Fensterputzspray oder packen ihn in angefeuchtetes Zeitungspapier beziehungsweise legen den Grillrost über Nacht auf den Rasen. So weichen die Verkrustungen auf und lassen sich einfacher abwischen. Nach dem Saubermachen ist es wichtig, den Grill einzufetten.

## Was tun, wenn's sticht?

Sommer, das heißt Freibad, Eis und Erdbeerkuchen. Leider sind wir nicht die Einzigen, die sich darauf freuen. Oft kommt es zum Kampf gegen die gelb-schwarzen Viecher mit der beneidenswerten Taille. Der verdanken sie übrigens ihren Namen: Insekt ist das lateinische Wort für »eingeschnitten«.

Nach einem Bienenstich sollten Sie vorsichtig den hängen gebliebenen Stachel mit einer Pinzette herausziehen oder kratzend mit einem Messer entfernen. Dabei dürfen Sie keinen Druck ausüben.

Wespen ziehen ihren Stachel meist selber heraus und lassen das Gift zurück.

Die Wunde sollte man mit Wasser, Seife oder Desinfektionsmittel säubern. Legen Sie auf den Stich ein Stück Zucker, das Sie vorher mit dem eigenen Speichel befeuchtet haben. Dies zieht das Gift heraus.

Halten Sie sich ruhig, dann schwillt die Wunde weniger, und das Gift wandert nicht durch den Körper.

Den Schmerz bekämpfen Sie am besten mit Eiswürfeln oder Kompressen, besonders wenn es sich um einen Stich im Mund oder gar im Rachen handelt. Die Kälte verzögert eine möglicherweise tödliche Schwellung. Wichtig ist, sofort Wassereis zu lutschen und den Notarzt zu alarmieren.

Um den Schmerz zu lindern, können Sie den Stich auch mit Butter, einer aufgeschnittenen Zwiebel oder Essig einreiben. Essig hilft auch gegen das üble Brennen von Quallen. Am Strand ist es also sinnvoll, immer eine Flasche Haushaltsessig bereitzuhalten. Mit Rasierschaum und einer Kreditkarte lassen sich die feurigen Häkchen aus der Haut rasieren.

Imker füllen bei Bienenstichen ein Fläschchen halb voll mit Salz und gießen es mit heißem Wasser auf. Diese gesättigte Lösung schmieren sie sich auf die Wunde, nachdem der Stachel entfernt wurde.

Eine halbe Zitrone mit Nelken gespickt und auch Nelkenöl auf der Haut soll Wespen vertreiben. Vermeiden Sie Parfüm, schwarze und sehr bunte Kleidung und duftende Hautöle, das zieht die Biester magisch an.

Der Geruch von Insektenspray macht Wespen aggressiv. Unparfümiertes Haarspray eignet sich viel besser. Es verklebt die Flügel bloß. Sie können die flugunfähigen Insekten am Boden zusammenkehren und in die freie Natur werfen. Nach wenigen Minuten putzen sich die Kerbtiere das Spray von den Flügeln und zischen ab.

Lassen Sie sich beim nächsten Arztbesuch auf Allergien testen. Dabei gibt es unterschiedliche Unverträglichkei-

ten: Der eine reagiert auf Bienen-, der andere auf Wespenstiche, wieder ein anderer auf Skorpionbisse. Diese schockartigen Reaktionen können irgendwann im Leben auftauchen und auch wieder verschwinden. Der betroffene Körperteil schwillt an, man wird unendlich müde und bekommt keine Luft. Das kann tödlich sein, und Sie sollten für diesen Fall unbedingt ein vom Arzt verschriebenes Gegenmittel parat halten. In schlimmen Fällen ist eine stationäre Anti-Sensibilisierung angebracht. Sprechen Sie mit Ihrem Arzt.

## Wie wird man Blattläuse los?

Die kleinen Sauger rauben nicht nur den Pflanzen Saft und Kraft, sondern übertragen auch krank machende Viren. Ursache für wimmelnde Blattlauskolonien ist meist zu viel Stickstoffdünger im Boden. Algenkalk, Gesteinsmehl, Holzasche und Brennnesseljauche wirken dem entgegen und stärken die Abwehrkräfte der Pflanzen.

Stark befallene Zweige streifen Sie mit der Hand ab oder schneiden sie gleich ganz ab. Oft hilft ein kräftiger Wasserstrahl aus der Sprühflasche. Oder Sie besprühen die Pflanzen mit selbst gebrauten Suden aus Brennnesseln, Tee, Rhabarberblättern, Wermut oder Zigarettenstummeln.

Topfpflanzen können Sie mit Basilikumtee von den Parasiten befreien.

Rapsöl, Rosenpflaster, Kaliseife und Neem-Präparate sind ebenfalls unbedenklich. Diese gibt es zu sehr unterschiedlichen Preisen im Versandhandel und in Gartencentern. Sie sollten jedoch nur Pflanzen mit Spülmittel und Schmierseife einsprühen oder mit Piperonylbutoxid, Fettsäure und Pyrethrum behandeln, die Sie hinterher nicht essen wollen!

Ökologisch korrekt sind Fressfeinde wie Marienkäfer, Florfliegen, Gallmücken oder Raubmilben. Neu auf den Balkon sind insektenfeindliche Pilze wie der Verticillium lecanii (Handelsname Mycotal). Fragen Sie in einer gut sortierten Gärtnerei nach.

Küchenkräuter mögen die fiesen Aphidoidae nicht so

gerne. Pflanzen Sie deshalb Kamille, Pfefferminz und Bohnenkraut auf dem Balkon. Rosen schützt man vor Blattlausbefall, wenn neben ihnen Lavendel, Salbei, Thymian oder Ysop wachsen.

Läuse werden von Margeriten, Fleißigem Lieschen und Kapuzinerkresse magisch angezogen. Das kann man sich zu Nutzen machen und Kapuzinerkresse unter Obstbäumen pflanzen, die dann verschont bleiben. Verzichten Sie aber lieber auf dem Balkon auf die genannten Blumen, sonst haben Sie die schwarzen Krabbler sicher.

## Schleich dich, Schnecke!

So vermiesen Sie den Schleimern ihre Jagdgründe:

Gießen Sie Ihre Beete nie am Abend und auch nicht mit automatischen Berieselungsanlagen.

Mulchen Sie bloß im Sommer und das sparsam mit Stroh und trockenem Laub.

Graben Sie den Boden im März und dann erst wieder im Spätherbst um, dann werden die Schneckeneier freigelegt und gefressen.

Pflanzen Sie Thymian und Ysop, denn die mögen die Weichtiere nicht. Lollo Rosso ist günstiger als Kopfsalat.

Lassen Sie einen unordentlichen Holzstapel im Garten liegen und sorgen Sie am Boden für einen Spalt im Gartenzaun, dann wandert vielleicht ein Igel zu. Der ernährt sich von den zwittrigen Bauchfüßern.

Schnecken trinken gerne Bier, fallen in die Bierfalle

hinein und ertrinken. Ein schöner Tod, aber der Bierduft lockt noch mehr Schnecken an. Wenn die Bierschüssel ebenerdig steht, sterben auch andere Tiere. Deshalb sollten Sie Bierfallen nur aufstellen, nachdem der Garten durch Schneckenzäune gesichert wurde.

Schneckenzäune sind verzinkte Blechbarrieren von circa 25 Zentimeter Höhe. Die fünf Zentimeter breite Oberkante wird im Winkel von 45 Grad nach außen zurückgebogen. Den Zaun muss zehn Zentimeter unter der Erde eingegraben sein und zehn Zentimeter herausragen, dann können ihn die Schnecken nicht überwinden.

Breite Spuren Branntkalk (Kalkstickstoff) oder Sägespäne werden von Schnecken ebenfalls nicht überquert.

Wer nachts mit der Taschenlampe durch den Garten wandert und die Schnecken einsammelt, muss sie entweder mit der Gartenschere durchschneiden oder mit kochendem Wasser übergießen. Sie mit Salz zu bestreuen, ist Tierquälerei; wer sie woanders aussetzt, schädigt das ökologische Gleichgewicht.

Tote Schnecken müssen vergraben oder kompostiert werden, sonst wirken sie als Köder für andere Schnecken.

Von allen Schneckengiften ist Eisen-III-Phosphat das ungefährlichste. Schneckenkorn mit Metaldehyd führt durch eine starke Schleimproduktion zum Absterben der Tiere, schwächt die Spanische Wegschnecke aber nur. Sie müssen sie also hinterher einsammeln. Methiocarb- und Thiodicarb-Präperate verursachen eine Fresshemmung, die Gastropoden kriechen ins Erdreich und verhungern dort. Allerdings sind das starke Nervengifte, sie belasten

die Umwelt und sollten nicht angewandt werden, wenn Sie einen Gartenteich haben.

Oder Sie mieten sich eine indische Laufente, die frisst die Biester leidenschaftlich gern.

## Natürliche Feinde im Garten

Pflanzen Sie keine Erbsen neben Tomaten, Stangenbohnen, Kartoffeln oder Buschbohnen. Petersilie gedeiht nicht in der Nachbarschaft von Kopfsalat, und Radieschen mögen keine Gurken.

Ungünstig ist der Fruchtwechsel zwischen Erbsen oder

Bohnen und Zwiebelgewächsen oder zwischen Kartoffel und Knollengemüse wie Fenchel oder Sellerie.

Wermut, Beifuß, Gartenkresse und Liebstöckl hemmen das Wachstum ihre Nachbarn, also besser separat im Topf ziehen.

Petersilie sollten Sie nicht zweimal an derselben Stelle aussäen, außer Sie lassen die alte Petersilie blühen und aussamen.

Das Möhrenbeet wird von Schädlingen gemieden, wenn einige Zwiebeln rundherum gepflanzt werden. Dill und Basilikum helfen mit ihrem Duft, Möhrenfliege und Kohlweißling zu vertreiben.

Gute Paare bilden: Gurke & Kohlrabi, Gurke & Sonnenblume, Sellerie & Kohl, Feldsalat & Erdbeeren, Dill & Karotten. Borretsch verträgt sich prima mit Spinat, Erdbeeren, Kohl und Kohlrabi. Die Pfefferminze hilft Kohl, Kopfsalat und Kartoffeln beim Wachsen.

Knoblauch neben Erdbeeren oder Tomaten schützt vor Pilzbefall.

In der Küche und im Vorratsraum sollte man Tomaten, Bananen und Äpfel nicht neben anderem Obst, unreifem Gemüse oder Kartoffeln aufbewahren. Sie strömen Ethylen aus, ein Gas, welches den Reifeprozess des benachbarten Obstes und Gemüses beschleunigt. Dabei fühlen sich die Tomaten auch nicht neben Bananen wohl, und diese verderben schneller, wenn sie neben Äpfeln gelagert werden.

Das Ethylen können Sie sich allerdings auch zu Nutze machen: Avocados werden in der Nähe von Bananen oder

Äpfeln schneller weich. Auch harte Birnen und Kiwis reifen schneller, wenn sie neben ein paar weichen Artgenossen liegen.

## Wie schneidet man Rosen?

Rosen schneiden Sie am besten an einem sonnigen, frostfreien Tag zwischen Januar und März, einmal blühende Kletterrosen im Juli oder August.

Knipsen Sie die verblühten Knospen und die Triebe ab, die im vorigen Jahr geblüht haben. Die letzte Knospe sollte nach außen stehen, dann wächst der Trieb in diese Richtung weiter.

Alle geschädigten oder toten Triebe werden so weit zurückgeschnitten, bis das Mark weiß ist, selbst wenn dann der gesamte Zweig entfernt werden muss.

Bei einmal blühenden Rosen kürzen Sie nach drei Jahren zusätzlich die gesunden Triebe um ein Drittel ihrer Länge.

Öfter blühende Strauchrosen sollten im zweiten Jahr um die Hälfte der Höhe gekürzt werden. Ein kräftiger Rückschnitt führt zu wenigen, aber schöneren Blüten und einem niedrigeren, kompakten Busch, ein leichterer Rückschnitt zu einer höheren Pflanze von natürlicherem Wuchs und zahlreicheren Blüten.

Bei Wildrosen schneiden Sie nach ein paar Jahren den Haupttrieb ab, dann bilden sich neue, blühende Triebe.

Auch bei Beet- und Zwergrosen den ältesten Trieb an

der Basis abschneiden und die jungen Triebe auf 15 bis 25 Zentimeter kürzen.

Umgekehrt verfahren Sie bei Kletterrosen: Da schneiden Sie die Seitentriebe alle drei Jahre radikal zurück, bis nur noch Stümpfe von fünf bis acht Zentimeter Länge stehen. Den Haupttrieb lassen Sie stehen, wenn er nicht in einer Blüte endet. In diesem Fall kürzen Sie ihn bis zum letzten Seitentrieb. Kletterrosen sollten Sie waagrecht oder fächerförmig binden, nicht senkrecht wachsen lassen; das gibt nur hässliche Löcher.

Alte, vernachlässigte Rosen sollte man radikal zurückschneiden, auf 30 Zentimeter oder ein Drittel ihrer Größer, je nachdem was kürzer ist. Ein zu groß gewordener Strauch können Sie auf zwei bis drei Triebe von etwa 40 Zentimeter Länge reduzieren. Dann bekommen Sie wieder Blüten und nicht nur Blätter und Stängel.

## Wer gießt im Urlaub die Blumen?

Wenn Sie keine netten Nachbarn haben oder sich nicht auf Ihre Verwandtschaft verlassen wollen, können Sie einen von Wasser schweren Schwamm auf die Blumenerde der Topfpflanze legen. Diese Methode eignet sich für genügsame Wesen wie etwa Palmen oder für einen Kurzurlaub. Gewächse im Granulat kommen längere Zeit ohne zusätzliches Gießen aus. Eine Badekappe oder ein durchlöcherter Plastikbeutel über eine gut gewässerte Pflanze gespannt sorgt ein paar Tage für ein Treibhausklima.

Soll es hingegen feucht sein, dann stecken Sie eine kleine Schnapsflasche gefüllt mit Wasser in die Erde. Testen Sie diese Prozedur unbedingt eine Woche lang vorher aus. Der Flaschenhals kann sich verstopfen, das Wasser versickert sofort auf einmal, oder es ist einfach zu viel des Guten.

Auch die dritte Variante funktioniert nicht unbedingt auf Anhieb: Stellen Sie alle Zimmerpflanzen auf umgedrehte Blumentöpfe oder kleine Hocker neben die gefüllte Badewanne. Tränken Sie eine fasrige Schnur mit Wasser und leiten Sie diese von der Wanne zur Pflanze. Am besten eignen sich dafür die leichteren Paketschnüre, also nicht die festen, die einem in die Hände schneiden, oder alte Schnürsenkel. Wolle macht zwischendrin schlapp.

Das Wasser steigt den Faden lang und wandert dann in die Blumenerde. Falls Sie die Pflanzentöpfe nicht bewegen können, stellen Sie gefüllte Vasen, Eimer oder Flaschen neben den Blumentopf, und zwar etwa zehn Zentimeter oberhalb der Erde. Für große Töpfe sollten Sie ruhig zwei oder drei Wasserbehälter zum Beispiel auf Bücher- oder Geschirrstapel um die Pflanze herum stellen. Beobachten Sie ein paar Tage vorher, wie viel Wasser aus den Vasen verschwindet, um den Bedarf während Ihrer Abwesenheit auszurechnen. Schützen Sie die Unterlagen, denn es kann tropfen.

Im Garten können Sie auch einen porösen Autoschlauch vergraben und mit einer Zeitschaltuhr an eine Pumpe anschließen. Je nach Wasserbedarf werden vorher unterschiedlich viele Löcher in den Schlauch gebohrt.

Gartencenter führen diese Heimwerkervariante auch als automatische Bewässerungsanlage. Dort gibt es ebenfalls Speichermatten aus Glasfieber für Topfpflanzen – dafür sollten Sie kein kalkhaltiges Wasser verwenden, optimal ist Regenwasser.

Für den Balkon können Sie sich auch einen Blumat kaufen. Das ist ein Tonkegel, der die Pflanzen aus mehreren Schläuchen bewässert. Der Ton »spürt« das Wasserbedürfnis und überträgt durch ein Membran Feuchtigkeit in seine Umgebung. Ideal geeignet für Terrassen, auf dem Balkon und für Kübelpflanzen.

# Garage

## Garage putzen

Bevor Sie die Autogarage fegen, machen Sie kleine Stückchen Zeitungspapier nass und verstreuen Sie sie auf dem Boden. Die Zeitungspapierstückchen fegen Sie anschließend mit auf, so wird kein Staub aufgewirbelt. Sie können statt der Papierschnipsel auch Sägemehl nehmen.

Ausgelaufenes Öl sollten Sie sofort mit Waschpulver bestreuen. Es wird dadurch vollkommen aufgesogen und kann mit dem Handfeger entfernt werden.

Auch Katzenstreu nimmt flüssigen Dreck auf. Schrubben Sie die Garage mal mit Cola. Sie werden sich wundern, welche alten Flecken dann wieder verschwinden.

## Fahrräder reparieren

Im Frühjahr sind alle Fahrradhändler ausgebucht, denn jeder bringt seinen altes Rad vorbei, um es überholen zu lassen. Wenn Sie es im Winter vorbeibringen, geht es zum einen schneller, und meist ist es sogar billiger. Doch Sie können das Wichtigste auch selber machen.

Ist der Reifen platt, pumpen Sie ihn auf und überprüfen Sie das Ventil mit etwas Speichel oder Spülmittel. Wölbt sich beim aufgepumpten Schlauch ein Bläschen über dem Ventil, müssen Sie nur das Ventil austauschen. Doch meistens ist es leider ein echter Platten, und Sie müssen den Reifen ausbauen.

Um den Reifen auszubauen, stellen Sie das Rad auf Sattel und Lenker und schrauben Sie das defekte Laufrad ab. Notfalls, zum Beispiel bei Hollandrädern mit Kettenkasten, können Sie den Platten auch im Rahmen reparieren.

Jetzt wird der Mantel abmontiert. Lassen Sie die Luft ab und klemmen Sie einen Fahrradhebel oder einen Löffel zwischen Mantel und Felge und verhaken Sie ihn mit einer Speiche. Hebeln Sie zehn Zentimeter weiter mit einem zweiten Stiel Stück für Stück den Mantel komplett auf einer Seite heraus und ziehen Sie den Schlauch ins Freie.

Pumpen Sie den Schlauch auf und ziehen Sie ihn langsam durch eine Schüssel klares Wasser, bis sich das Loch durch aufsteigende Bläschen verrät. Trocknen Sie die Stelle gut und rauen Sie die Umgebung um das Loch mit Sandpapier auf – nicht mit einer Metallraspel! Tragen Sie Klebstoff aus dem Fahrradreparatur-Set auf und lassen Sie ihn fast vollständig eintrocknen. Viele sind da zu ungeduldig. Erst nach ausreichender Trockenzeit ziehen Sie die Folie vom Flicken und pressen die schwarze Seite fest auf das Loch. Jetzt gilt es, kräftig von der Mitte nach außen zu streichen. Nach ein paar Minuten können Sie den Schlauch aufpumpen und prüfen, ob der Flicken hält. Auf der Oberlippe spüren Sie jeden Hauch. Kontrollieren Sie

mit den Fingerspitzen an der Innenseite des Mantels, ob da ein Dorn oder Nagel steckt. Drücken Sie dann den fast leeren Schlauch unter den Mantel – er darf dabei keine Falten werfen – und schieben Sie den Mantel mit den Daumen zurück in die Felge. Für die letzten zwanzig Zentimeter können Sie wieder einen Hebel nutzen.

Reinigen Sie im Frühjahr die Fahrradkette, denn das spart Energie beim Radeln. Am besten geht's mit Zahnbürste, warmem Wasser und Kettenspray – oder, so ist es am einfachsten, aber nicht ganz korrekt, mit Waschbenzin beziehungsweise Petroleum. Vergessen Sie auch den Zahnkranz (vorne) und das Ritzel (hinten) nicht. Tragen Sie anschließend Ketten- oder Nähmaschinenöl auf oder Fettersatzspray aus der Diätküche. Alle 5000 bis 10 000 Kilometer sollte die Kette ausgetauscht werden, das kann der Zweiradmechaniker am besten.

Kontrollieren Sie ebenfalls die Bremsen. Mit angezogenen Bremsen sollten Sie das Rad nicht drehen können. Neue Bremsklötze sind billig und können Leben retten. Ziehen Sie die Schrauben fest, die die Bremse halten, denn sie lockern sich gerne mal.

Schlägt das Rad gegen die Bremsen, sitzt es schief im Rahmen, oder es hat einen Achter. Mit einem Speichenschlüssel muss der Reifen zentriert werden. Wer es einmal gezeigt bekommen hat, kann es allein, ansonsten hilft der Radl-Doc. Schiefe Vorderräder klemmt man sich zwischen die Beine und rückt sie am Lenker zurecht. Wackelt der Lenker, ziehen Sie die Schraube in der Mitte des Lenkers mit einem Inbusschlüssel fest.

Fahren Sie ausschließlich Gel- oder Ledersättel, denn die passen sich Ihren individuellen Körperformen an. Plastiksättel sind zwar billiger und beim Probesitzen auch bequem, bei längerer Fahrt schmerzen sie jedoch.

So sitzen Sie richtig auf dem Rad: Mit durchgestreckten Beinen erreichen Sie gerade das untere Pedal. Wenn Ihr Knie nicht durchgestreckt ist, sitzen Sie krumm, verschwenden Kraft und riskieren Rückenschmerzen. Der Lenker sollte auf Sattelhöhe sein, da schummeln viele, weil ein höherer Lenker auf den ersten Blick bequemer aussieht, aber das ist nur Gewöhnungssache. Unter dem Sattel ist eine große Schraube, mit der Sie die Höhe einstellen können. Der Lenker muss schulterbreit sein. Wenn Sie Ihre Arme spreizen oder verengen, um an die Griffe zu gelangen, bekommen Sie Haltungsschäden.

## Wie fährt man sparsam Auto?

Entrümpeln Sie Ihr Auto von unnötigem Ballast und Luftwiderstand und montieren Sie beispielsweise den Gepäckträger ab oder tanken Sie nicht mehr voll.

Gehen Sie beim Luftdruck auf den maximalen Wert.

Alle Heizungen, Klimaanlage und Zusatzscheinwerfer nur benutzen, wenn es wirklich nötig ist.

Lassen Sie den Motor niemals warmlaufen. Starten Sie ohne Gas und reduzieren Sie die Anfahrt im ersten Gang auf das Minimum. Schalten Sie bei 20 km/h in den zweiten Gang, bei 30 km/h in den Dritten und fahren Sie bereits mit 40 km/h im vierten Gang. Nahezu alle Autos vertragen Tempo 50 im fünften Gang, oft auch an Steigungen. Erst wenn der Motor zu ruckeln beginnt, ist es Zeit zurückzuschalten. Fahren Sie bei konstanter Geschwindigkeit mit geringen Drehzahlen, etwa 2000 bis 3500 U/min.

Beim Überholen sollten Sie mit viel Gas beschleunigen und möglichst früh hochschalten. Wer schon unterhalb von 2000 Umdrehungen den höheren Gang einlegt und kräftig aufs Gaspedal tritt, spart am meisten.

Bei neueren Motoren mit Schubschaltung können Sie bei starkem Gefälle vom Gas gehen, der Benzinverbrauch ist dann fast Null. Bei schwachem Gefälle dürfen Sie sogar im Leerlauf rollen, aber lassen Sie den Motor an, sonst funktionieren Servolenkung und Bremse nicht. Durch die Schubschaltung verbraucht der Motor kein Benzin. Nehmen Sie frühzeitig den Fuß vom Gas und lassen Sie den Wagen ausrollen, wann immer das möglich ist, anstatt zu bremsen. Schalten Sie dabei nicht in den Leerlauf und drücken Sie nicht die Kupplung!

Ab 20 Sekunden Wartezeit sollten Sie den Motor ausschalten.

Spurwechsel in der Stadt und auf der Autobahn verbrauchen ebenfalls unnötig Benzin. Lieber eine Zeit lang schneller fahren (oder langsamer) statt einen Zickzack-Kurs hinzulegen.

## Augen auf beim Gebrauchtwagenkauf

Gebrauchtwagenhändler wirken manchmal sehr furchteinflößend. Die Hände in den Taschen, verwirrende Begriffe im Mund, und man selbst sieht nur, das Auto hat die richtige Farbe! Nehmen Sie daher eine Checkliste mit und arbeiten Sie sie Punkt für Punkt ab.

Stimmen Kraftfahrzeugbrief und -schein überein?

Sind bauliche Veränderungen im Brief unter Ziffer 33 im Kfz-Schein aufgeführt?

Wann wurde der Wagen das erste Mal zugelassen?

Stimmt die Fahrgestellnummer, auch Fahrgestellidentifizierungsnummer genannt, in Ziffer 4 des Kfz-Scheins mit der Nummer auf dem Typschild im Motorraum überein?

Funktionieren Warnblinkanlage, Standlicht, Abblendlicht, Fernlicht, Nebelscheinwerfer, Scheibenwischanlage, Innenbeleuchtung und Gebläse?

Wurde die Bremsflüssigkeit innerhalb der letzten zwei Jahre gewechselt?

Kühlflüssigkeit hat immer die Farbe des Frostschutzmittels, braunes Frostschutzmittel gibt es nicht.

Ist das Öl zäh und schwarz, dann sollte es gewechselt werden. Achten Sie bei Motor, Getriebe und Differential auf Ölaustritt, weiße Ablagerungen am Deckel des Öleinfüllstutzens sind verdächtig, der Zylinderkopf könnte undicht sein. Qualmt der Auspuff auch bei längerer höherer Drehzahl schwarz, müssen Sie mit hohem Ölverbrauch rechnen.

Prüfen Sie die Kupplung: Motor im Leerlauf anlassen, Handbremse ziehen, nicht aufs Gas gehen, sondern nur in den dritten Gang schalten. Wenn der Motor dabei abgewürgt wird, ist die Kupplung in Ordnung.

Prüfen Sie die Stoßdämpfer: Drücken Sie den Wagen an allen vier Ecken einmal kräftig herunter. Er darf nicht öfter als zweimal nachwippen.

Prüfen Sie das Profil der Reifen inklusive der Ersatzreifen und gegebenenfalls der Winterreifen. Sie müssen mindestens 1,6 Millimeter Tiefe (Winterreifen 4 Millimeter) aufweisen, das heißt der goldene Rand einer Ein-Euro-Münze soll vollständig im Profil verschwinden.

Prüfen Sie die Ausrichtung. Fahren Sie langsam geradeaus, nehmen Sie dabei die Hände vom Lenker und bremsen. Das Auto darf nicht nach rechts oder links driften.

Einen sicheren Kaufvertrag gibt es als Vordruck bei den Automobilvereinen, den Kfz-Versicherern und im Internet (beispielsweise unter www.autoscout24.de). Zusätzlich sollten Sie sich die Anzahl der empfangenen Schlüssel und die geleistete Anzahlung bestätigen lassen.

Melden Sie den Kauf der Kfz-Zulassungsstelle und Ihrer Versicherung. Für nicht entdeckte Mängel haftet der Händler ein Jahr. Achten Sie auf die Gewährleistungspflicht im Kaufvertrag.

## Und es hat Bumm gemacht. Was tun nach einem Autounfall?

Es kann ganz schnell gehen. Eine verwirrende Situation, wer hatte Vorfahrt, wer wechselte die Spur?

Bewahren Sie Ruhe, nehmen Sie nicht sofort die Schuld auf sich und beschimpfen Sie den anderen Fahrer nicht. Sachliche Routine, der vorgeschriebene Weg von A nach B bei der Unfallsicherung beruhigt die Nerven.

Schalten Sie sofort die Warnblinkanlage ein und stellen Sie das Warndreieck auf, und zwar etwa 50 Meter vor dem Tatort, bei unübersichtlichen Kurven noch weiter weg. Bei einem Blechschaden parken Sie das Auto am Straßenrand und behindern so den Verkehr nicht.

Notieren Sie Autokennzeichen und Personalien des Unfallgegners, lassen Sie sich einen Ausweis zeigen. Schreiben Sie gemeinsam mit dem anderen Fahrer Ort und Zeit des Unfalls auf. Wie geschah der Unfall? Unterschreiben Sie die Aufzeichnungen beide.

Fotografieren Sie die beteiligten Autos oder zeichnen Sie deren Lage auf dem Asphalt auf – in jedem Verbandskasten befindet sich Kreide. Ihre Dokumentation ist genauso gut wie ein Polizeibericht und wird von der Versicherung anerkannt.

Nicht immer kommt die Polizei zu einem Bagatellunfall. Wenn aber Drogen, Alkohol oder Absicht dahinter stecken sollte, der Fahrer Ihnen extra reingefahren sein könnte, rufen Sie die Polizei. Natürlich auch, wenn es Verletzte gab.

Rufen Sie die Versicherung des Unfallgegners an, um eine Reparaturkostenübernahme zu bekommen, mit der Sie dann zu Ihrer Werkstatt fahren können. Bei schwer wiegenden Verletzungen schalten Sie einen Rechtsanwalt ein; die Kosten dafür übernimmt die Kfz-Versicherung des Unfallgegners.

Bei Wildunfällen muss das nächste Forstamt benachrichtigt werden.

*Wichtige Telefonnummern, Adressen und Dokumente:*

Polizeinotruf: 112 oder 110.

Notruf der Autoversicherer: 0800-6683663.

Europäischer Unfallbericht: Bei jeder Autoversicherung und im Internet unter www.kfz-auskunft.de/info/unfallbericht.html zu erhalten.

Bei im Ausland versicherten Autos: Deutsches Büro Grüne Karte, Postfach 101402, 20009 Hamburg, Fax: 040-33440400, www.gruene-karte.de.

Bei Unfallflucht: Verein Verkehrsopferhilfe e.V., Glockengießerwall 1, 20095 Hamburg, Telefon: 040-301800, Fax: 040-30180700, www.verkehrsopferhilfe.de.

## Autofahren in Winter, Wüste und Wasser

Nicht immer sind die Straßenverhältnisse so, wie wir Sie lieben. Irgendwann, wenn die Klimaveränderung auch hierzulande Wüsten und Wadis entstehen lässt, müssen wir uns eine veränderte Fahrweise angewöhnen. Auch wenn es nicht so weit kommen sollte, ein paar Tipps vertreiben die Angst vom Beifahrersitz und mit etwas Survival- und Ralley-Wissen erwirbt man sich das Recht, Schweizer Taschenmesser, Gletscherbrillen und teure Outdoorkleidung zu tragen.

*Im Winter:* Wenn Sie befürchten müssen, in Eis und Schnee stecken zu bleiben, nehmen Sie doch eine Packung Katzenstreu mit. Das ist eine prima Anfahrhilfe. Das Eis zugefrorener Seen muss mindestens 25 Zentimeter dick sein, um ein Auto zu tragen. Parken und fahren Sie nicht neben einem anderen Auto. Risse immer im rechten Winkel queren. In Küstennähe und an Flussmündungen wird das Eis immer dünner.

*In der Wüste:* Durch weichen, tiefen Sand fährt man im ersten oder zweiten Gang und zwar so schnell wie möglich. Bleiben Sie dennoch stecken, halten Sie sofort an und schaufeln Sie den Sand weg. Legen Sie Sandbleche unter die Räder und starten Sie. Wenn gar nichts mehr geht, lassen Sie Luft aus den Reifen. Sie können selbst bei einem schweren Geländewagen bis auf 0,8 bar runtergehen. Erreichen Sie wieder festeren Boden, müssen Sie natürlich pumpen. Das heißt, jeder Wüstenfahrer muss unbedingt eine Handpumpe mitnehmen – und ein Abschleppseil.

*Durch Flussfurten und Hochwasser:* Im Kino preschen die Helden gern durch das Wasser. In der Wirklichkeit sollten Sie genau das Gegenteil tun. Ganz langsam fahren, das Wasser sollte nicht höher als 30 Zentimeter bei einem normalen PKW und einen halben Meter bei einem Geländewagen steigen. Wenn das Wasser den Motor erreicht, ist es das Ende der Fahrt, und Sie müssen den Schaden bezahlen. Denn die Kosten werden auch bei Abenteuerreisen nicht von der Vollkaskoversicherung der Mietwagenfirma übernommen! Müssen Sie also unbedingt einen Fluss durchqueren, sollte der Beifahrer vorangehen und die Tiefe testen.

*Bergab:* Lange Strecken fahren Sie am besten im zweiten oder sogar ersten Gang, dann bremst der Motor, und die Bremsen fangen nicht an zu qualmen.

## Wie befreie ich mich aus einem sinkendem Auto?

Wir wollen es nicht hoffen, aber es kann passieren: Die Bremsen versagen, ein Windstoß fegt das Auto von der Böschung, plötzlich ist die vom Navigationssystem versprochene Brücke noch im Bau. Ihr Wagen steht jedenfalls tief im Wasser, und Sie kommen weder vor noch zurück. Das Wasser dringt langsam durch Türen und Fenster ein, der Motor stirbt ab, und Sie stellen fest, die Türen lassen sich nicht mehr öffnen, da der Wasserdruck von außen zu groß ist.

Lösen Sie als Erstes den Sicherheitsgurt. Dann atmen Sie dreimal tief ein und aus, kurbeln die Fenster herunter und lassen das Wasser ein. Denn erst wenn das Wageninnere komplett voll gelaufen ist, ist der Wasserdruck innen und außen gleich, und erst dann lassen sich die Türen öffnen. Es ist reine Kraftverschwendung, bei einem halbvollen Auto an den Türen zu rütteln.

Atmen Sie also so lange wie möglich ruhig und bedächtig. Schreien und hektische Betriebsamkeit verbrauchen nur sinnlos Sauerstoff. Warten Sie, bis das Wasser die Wagendecke erreicht hat. Dann öffnen Sie die Tür und schwimmen nach oben. Sollte sich die Tür nicht öffnen lassen, treten Sie die Fenster ein.

Sollte Ihnen das im Eis passieren, halten Sie sich beim Schwimmen an die dunkle Stelle im Eis. Dort ist das Loch, durch das Sie eingebrochen sind.

WIE BEFREIE ICH MICH AUS EINEM SINKENDEN AUTO ?

# Draußen vor der Tür

## Wie kriege ich die Wohnung?

Um die Traumwohnung wirklich zu bekommen, ist oft ein Schlachtplan nötig.

Signalisieren Sie bei der Besichtigung freundliches Interesse; Misstrauen und Überschwänglichkeit sollten Sie vermeiden. Ordentliche Kleidung zeigt Zahlungsfähigkeit und pfleglichen Umgang mit der Wohnung an. Schreiben Sie einen kleinen persönlichen Satz auf Ihre Visitenkarte, die Sie hinterlassen.

Bestechungen sind unmoralisch und können genauso gut zum Ausschluss führen. Im Gespräch mit dem Vermieter hingegen sollten Sie klar machen, dass Sie die Wohnung unbedingt wollen und sie wirklich brauchen.

Kinderlose Pärchen mit festem Einkommen sind die beliebtesten Mieter. Sie dürfen lügen. Dass Sie kein Handwerker sind und doch Kinder haben, ist im Nachhinein kein Kündigungsgrund.

Sollte die Wohnung bereits vergeben sein, rufen Sie drei Tage später trotzdem einmal an. Erstaunlich viele Mieter springen im letzten Moment ab, und dann kommen Sie vielleicht doch noch zum Zug.

Ein guter Tipp ist auch, selbst ein Wohnungsgesuch aufzugeben. Viele Privatvermieter suchen sich so ihre Mieter, dann klingelt nicht wochenlang das Telefon. In der Suchannonce dürfen auch so genannte Nachteile stehen, denn manche Mieter suchen gezielt nach Alleinerziehenden oder Künstlern.

## So klappt's auch mit dem Nachbarn

Der schöne Brauch, sich beim Einzug den Nachbarn vorzustellen, geht allmählich verloren. Aber wer es macht, merkt schnell, wie positiv man damit auffällt.

Ziehen Sie in ein Einfamilienhaus, gilt als Faustregel die 360-Grad-Runde: bei den ringsum angrenzenden Nachbarn klingeln und sich vorstellen. Und zwar komplett – mit Partner und Kindern (schützt zwar nicht vor fußballgeschädigten Fenstern, klärt aber schon im Vorfeld peinliche Auftritte). Innerhalb von gut zwei Wochen nach Ihrem Einzug sollten Sie das geschafft haben.

In einem Mietshaus ist es geschickt, die Nachbarn auf der gleichen Etage zuerst zu begrüßen – mit ihnen hat man den meisten Kontakt. Nach und nach kommen dann noch die darüber und die darunter liegenden Stockwerke dran. Mehr ist nicht nötig – wenn Sie andere Mieter treffen, reicht Smalltalk oder ein kurzer Gruß.

Doch vor zu viel spontaner Nähe sei gewarnt – und mit Einladungen sollten Sie erst einmal warten, bis Sie Ihre Nachbarn besser kennen.

Klingelt allerdings jemand mit dem obligatorischen Begrüßungspaket Brot und Salz bei Ihnen, sollten Sie ihn hereinbitten – auf einen kleinen Drink. Das ist ein Zeichen der Höflichkeit, verpflichtet Sie aber nicht, gleich dicke Freundschaft zu schließen oder nun jeden zu sich einzuladen.

Haben Sie beim Einzug diesen Moment verpasst, hilft nur Grüßen im Treppenhaus, vor dem Briefkasten oder vor der Haustür. Am besten mit Namen. Sie sind schüchtern? Das könnte Ihnen als Unfreundlichkeit und Arroganz ausgelegt werden. Auch wenn der Nachbar nicht zurückgrüßt oder Sie gar nicht erkennt, seien Sie nicht gleich beleidigt. Versuchen Sie es beim nächsten Mal etwas lauter und lächeln Sie weiterhin. Viele Menschen sind halb blind, schwerhörig, morgens schlecht gelaunt oder einfach nur schüchtern. Bei jedem Lächeln denken Sie daran: Ein gewogener Nachbar ist die beste Rechtsschutzversicherung.

Natürlich ist Nachbarschaft keine Einbahnstraße. Stöhnen Sie deshalb nicht, wenn Sie mal ein Paket für den Nachbarn annehmen sollen, und rennen Sie nicht gleich zur Hausverwaltung, wenn fremdes Laub herüberweht.

## Wie bricht man in seine Wohnung ein und sein Auto auf?

Tja, peinlich. Der Schlüssel ist weg. Ein lächerliches Stück Holz versperrt Ihnen den Zugang zur Wohnung.

Wenn der Türrahmen nicht zu weit übersteht, versuchen Sie es wie im Fernsehen mit einer dieser massenhaften Punkte- oder Kreditkarten. Drücken Sie die Tür etwas zurück und ziehen Sie die Karte oder einen Konservendosendeckel durch den Spalt nach unten.

Bei altmodischen Wohnungsschlössern schrauben Sie die Platte um das Schloss ab und drehen den nun entblößten Zylinder mit einer Kneifzange um. Oder Sie biegen einen Drahtbügel aus der Reinigung zu einen Dietrich mit einem 90-Grad-Winkel von der Länge des

Schlüssellochs. Versuchen Sie damit die bewegliche Stelle im Schloss zu fassen und aufzusperren.

Wesentlich schwieriger und nur nach langer Übung klappt diese Methode bei Sicherheitsschlössern. Profis schieben dazu einen dünnen Metallstift ins Schloss, etwa einen Schraubenzieher, das Ende eines stählernen Stielkammes oder eine zugespitzte Fahrradspeiche, und drehen diese, als würden Sie die Tür aufschließen. Gleichzeitig stochern Sie mit einem zweiten Mini-Dietrich, zum Beispiel einer Büroklammer, so lange herum, bis die Stifte im Schloss zurückrasten und die Tür aufspringt. Dieses Geschicklichkeitsspiel des Schlossöffnens ist ein richtiger Sport (www.lockpicking.org) mit deutschen Meisterschaften und Versandhandel von einschlägigem Werkzeug. Dieses gibt es auch unter www.aufsperrwerkzeug-berlin.de. Dort finden Sie ebenfalls Autoschlüssel, die für viele Marken passen.

Richtige Einbrecher machen es sich jedoch viel einfacher. Sie treten die Tür schlicht ein. Und zwar mit dem Fuß, denn mit der Schulter, wie die Fernsehkommissare es tun, ist es viel zu schmerzhaft und uneffektiv. Der Schaden beträgt ein paar hundert Euro, seriöse Schlüsseldienste verlangen zwischen 50 und 150 Euro (Sonntagnacht) für einfaches Öffnen.

Wenn Sie Ihren Autoschlüssel im Zündschloss stecken gelassen haben, besorgen Sie sich einen Drahtbügel aus der Reinigung und biegen daraus einen langstieligen Haken in Form eines langen »J«. Der Mund des Hakens soll etwa vier Zentimeter messen. Führen Sie nun den Draht zwischen Fensterscheibe und Dichtung ins Türinnere ein. Tief unten in der Tür schnappen Sie sich die Stange, die im Aufsperrknöpfchen endet, und ziehen sie hoch.

Sie können auch ein langes dünnes Sägeblatt nehmen und wie oben beschrieben zwischen Scheibe und Türdichtung hineinfahren und sich mit den Sägezähnen in den Aufsperrmechanismus verhaken. Immer schön rumrudern, bis es klappt, aber vorsichtig, damit Sie den Türmechanismus nicht zersägen.

Das Autoschloss ist wieder etwas für »Lockpicker«. Also führen Sie eine Haarnadel und den kleinsten Inbusschlüssel ein und schieben mit dem Häkchen des Inbusschlüssels die meist fünf beweglichen Widerstände in die richtige Position. So können Sie dann mit der Haarnadel das Schloss aufsperren.

## Achtung Glatteis! Wie man ohne Ausrutscher ankommt

Im Winter kann es auf den Straßen und Bürgersteigen rutschig werden. Ziehen Sie breite Schuhe mit niedrigem Absatz an, kleben Sie Heftpflaster unter Schuhsohlen und Absätze, das schützt vor Ausrutschen auf Eisesglätte. Die Klebeseite liegt natürlich Richtung Sohle. Machen Sie bei vereistem Trottoir nur kleine Schritte, treten Sie nicht zu hart mit der Ferse auf und halten Sie sich in leichter Vorlage. Lassen Sie immer die Hände aus den Taschen, so können Sie besser balancieren oder sich auffangen.

Für Hunde und Katzen gibt es im Zoohandel Balsam für die Pfoten, die gegen Eis und Streusalz schützen.

Mit Mountainbikes können Sie auch im Winter radeln. Rad- und Fußwege sind leider oft in schlechtem Zustand, weichen Sie besser auf die Straße aus, auch wenn man da schnell schmutzig wird.

Bringen Sie den Autositz in Winterstellung. Er muss näher als normal am Lenkrad sein, Beine und Arme leicht angewinkelt und, ganz wichtig, die Rückenlehne fast gerade aufgerichtet, sonst rutschen Sie bei einer Vollbremsung hoch.

Sinkt die Temperatur unter den Gefrierpunkt, müssen Autofahrer besonders in Waldschneisen, auf Brücken, in Senken und vor Tunneleinfahrten mit Blitzeis rechnen. Vermeiden Sie abruptes Bremsen, Gas geben, Schalten und ruckartiges Lenken. Kommen Sie ins Rutschen, müssen Sie, so hart Sie können, in die Bremse steigen. Nein, nicht so hart Sie können, noch viel, viel fester. Auf keinen Fall sollten Sie stotternd bremsen. Lassen Sie die Bremse erst dann los, wenn Sie völlig stehen, selbst wenn sich das Auto dreht.

## Reklamieren, ohne sich zu blamieren

Regen Sie sich leicht auf? Wirkt Ihre Stimme dabei gepresst und hoch? Oder sind Sie eher der schüchterne Typ, lachen Sie entschuldigend, in der Art: Tut mir echt leid, dass ich auf der Welt bin?

Für viele ist Reklamieren anstrengend und peinlich. Die riesige Mauer der Ablehnung scheint unüberwindbar. Doch fassen Sie Mut und verhalten Sie sich wie ein Kunde, denn der sind Sie ja schließlich, nur diesmal andersherum.

Zeigen Sie der Verkäuferin den eingerissenen Reißverschluss, dem Kellner das kalte Steak. Fordern Sie nicht gleich Ersatz, sondern warten Sie eine Problemlösung ab.

Lassen Sie ruhig ein bisschen Schweigen sich ansammeln. Erst wenn die andere Seite nichts anbietet, bitten Sie den Geschäftsführer herbei. Bitten, nicht verlangen. Diesem schildern Sie genauso ruhig das Problem. Lassen Sie sich nicht einschüchtern, aber verärgern Sie die andere Seite nicht mit übertriebener Kritik. Der Geschäftsführer sollte sein Gesicht wahren können, aber machen Sie es ihm nicht zu leicht, indem Sie die Entschuldigung gleich mitliefern: Kann jedem mal passieren.

Kellner und Köche sind leicht beleidigt und müssen sehr sensibel behandelt werden, für Verkäufer und Angestellte bedeuten Ihre Wünsche oft Mehrarbeit. Sprudeln Sie nicht vor ungeduldiger Empörung über, bleiben Sie zäh und verlieren Sie dabei das Ziel nicht aus dem Auge. Überwinden Sie den trägen Widerstand höflich und beharrlich, bis es dem Verkäufer dämmert, Ihnen den Wunsch zu erfüllen, ist weniger umständlich als mit Ihnen zu diskutieren.

Durchbrechen Sie das Verkäufer-Kunden-Verhältnis, appellieren Sie an den Menschen im widerspenstigen Dienstleister und erklären Sie überzeugend, mit gerade noch gefasster Stimme, warum keine Lösung eine Katastrophe wäre: »Wenn das Auto nicht bis heute Abend fertig ist, bekomme ich einen Nervenzusammenbruch.« Dann hat der Handwerker hoffentlich Mitleid.

## Flohmarktknigge

Wie allgemein im Leben kommen Sie auch auf Trödelmärkten mit Freundlichkeit weit. Haben Sie einen schönen Gegenstand entdeckt, bewundern Sie ihn, fragen den Verkäufer nach dem Preis, und dann sollten Sie hin- und hergerissen sein, zwischen dem Verlangen und der schmerzhaften Erkenntnis, dass es zu teuer ist. Natürlich ist der gewünschte Gegenstand so viel wert, wie der Verkäufer haben will, aber leider, leider können Sie sich das nicht leisten.

Beleidigen Sie den Besitzer nicht mit: »Viel zu teuer!« Oder: »Ein Euro.« Verkneifen Sie sich die Bemerkung, dass Sie das Gleiche im Internet oder in Polen billiger bekommen können – sollte es so sein, was machen Sie dann hier?

Verzögern Sie möglichst lange einen eigenen Kostenvorschlag. Flirten, Scherzen, In-die-Augen-Schauen und Smalltalk wirken sich positiv auf das Geschäftsklima aus.

Tatschen Sie nicht alles an, bringen Sie die Auslage nicht durcheinander und reden Sie nicht zu viel, zeigen Sie sich als Kenner und Liebhaber, so merkt der Verkäufer, dass Sie der Ware würdig sind.

Mustern Sie den Gegenstand ausführlich, ob er wirklich Ihren Wünschen entspricht und keine Makel aufweist. Dann stellen Sie ihn seufzend wieder hin. Nach der dritten Frage des Verkäufers nennen Sie Ihren Preis, etwa die Hälfte des vom Verkäufer genannten Preises, entschuldigen Sie sich aber gleichzeitig dafür, es ist zu wenig, aber mehr habe ich nicht, und wenden Sie sich zum Gehen. Der Verkäufer wird in der Regel zweimal seine Forderung reduzieren, die zweite sollten Sie akzeptieren. Übertreiben Sie die Sache nicht und feilschen Sie nicht eine Viertelstunde um 50 Cent.

Günstig (für Sie) wird es, wenn Sie mehrere Sachen aussuchen oder am Ende des Flohmarktes vorbeischauen.

## Sitzordnung bei Hochzeiten

Stundenlang wurde an der Sitzordnung getüftelt, Karten beschriftet und darüber nachgedacht, ob Tante Karla neben dem Langweiler aus der Firma sitzen muss und wohin man mit dem schwerhörigen Schwager soll, der manchmal zu peinlichen Witzen neigt?

Traditionell sitzt das frisch vermählte Paar am Kopfende des Tisches, daneben die jeweiligen Schwiegereltern. Bei U-förmig aufgestellten Tischen sitzt das Brautpaar am äußersten Bogen mit freier Sicht in den Raum oder mit Brautmutter, dem Geistlichen oder einem anderen Ehrengast gegenüber. Etwas lockerer sind einzeln aufgestellte Tische mit vier bis sechs Personen.

Generell gilt bunte Reihe, also Damen und Herren abwechselnd, und keine Blutsverwandte und Paare nebeneinander. Zurückhaltende Pärchen, die niemanden auf der Gesellschaft kennen, dürfen schräg gegenüber sitzen. Die besten Gäste fangen von sich Gespräche an und unterhalten sich höflich mit beiden Sitznachbarn. Diese Prachtexemplare müssen Sie strategisch günstig zwischen die Problemfälle (gelangweilte Teenager!) platzieren.

Alte und Junge zu mischen ist ein Ideal, aber nur bei gesprächigen und interessierten Gästen glücklich. Menschen mit zuhörenden Berufen (Krankenschwester, Psychoanalytiker, Journalisten) reden gerne, platzieren Sie diese neben dankbareren Schweigern.

Weisen Sie oder eines Ihrer Geschwister unbekannte Gäste auf Gemeinsamkeiten hin: Urlaub, Beruf, Kinder, Hobby. So helfen Sie, ein Gesprächsthema zu finden.

Ein Glas Champagner zur Begrüßung, Fondues und asiatische Gerichte, die herumgereicht werden, beflügeln die Kommunikation.

Meist genügt eine Kleinigkeit, um die Mauern des Schweigens einzureißen. Wenn Sie beispielsweise Tischnachbarn im selben Auto zum Restaurant fahren lassen, ist das schon ein guter Start. Nichts verbindet so wie eine gemeinsame Irrfahrt zum Landgasthaus im Grünen. Oder eine abenteuerliche Bootsfahrt. Oder gemeinsames Grillen.

## Abgang auf französische Art

So hieß es früher, wenn man sich ohne Abschied aus einer Gesellschaft verdrückte.

Müssen Sie früher als die anderen Gäste verschwinden, informieren Sie gleich nach dem Eintreffen den Gastgeber: »Ich kann heute nicht lange bleiben.« Aber dezent, bitte, sonst denken die anderen Gäste, dass es heute ein kurzer Abend wird. »Ich fühle mich nicht gut« oder »Meine Mutter wartet auf mich« sind weitaus bessere Ausflüchte als »Ich will hinterher noch auf eine andere Party«.

Teilen Sie sich die knappe Zeit gut ein und versuchen Sie extra charmant zu sein, ohne aber zum Mittelpunkt der Runde zu werden. Halten Sie sich ein klein wenig im Hintergrund und machen überall ein wenig Smalltalk. Oder kümmern Sie sich intensiv nur um zwei oder drei Personen. Dann fällt die Lücke, die Sie hinterlassen, nicht so auf.

Ist die Zeit für den Aufbruch gekommen, sagen Sie dem Gastgeber dezent Adieu und Auf Wiedersehen. Es soll auf keinen Fall als allgemeines Aufbruchsignal wirken. Ebenso unauffällig grüßen Sie die Personen, mit denen Sie sich länger unterhalten haben. Riesige Entschuldigungsorgien, aufgeregtes Handtasche-Suchen, lautes Nach-einem-Taxi-Telefonieren und Im-Mantel-auf-die-Begleitung-Warten sprengt jede Party. Zur Not beruhigen Sie die Gesellschaft mit einer kleinen Lüge: »Ich schau, dass ich später noch einmal vorbei komme.«

Ach ja, rufen Sie unbedingt am nächsten Tag den Gastgeber an, bedanken Sie sich für den reizenden Abend und entschuldigen Sie sich nochmals für den frühen Abgang.

AU REVOIR

## Wo ist Norden?

Männer können nicht nach dem Weg fragen. Wenn Sie sich also mit einem solchen Prachtexemplar verlaufen haben und die Gegend sieht plötzlich so fremd aus – seit wann wachsen in Remscheid Palmen? –, dann stecken Sie einen Stock in die Erde und markieren mit einem zweiten den Schatten. Nach einer Viertelstunde ist dieser, deutlich zu erkennen, nach Osten gewandert.

Oder Sie haben eine Abkürzung genommen und sind wirklich in der Pampa gelandet: Legen Sie Ihre Uhr waagrecht hin, den Stundenzeiger Richtung Sonne. Halbieren Sie den kleineren Abstand zwischen der Zwölf und dem Stundenzeiger, da liegt Süden. Bei Sommerzeit müssen Sie eine Stunde abziehen.

Das Gleiche funktioniert auch bei Vollmond. Richten Sie den Stundenzeiger zum Mond aus, teilen Sie das Tortenstück auf dem Zifferblatt bis zur Zwölf, und Sie wissen, wo Norden liegt. Oder Sie suchen nachts den Großen Wagen, verlängern den Abstand der Hinterachse fünfmal, und dann finden Sie den Polarstern, der stets im Norden leuchtet.

In Manhatten läuft der (Einbahnstraßen-)Verkehr auf den ungeraden Avenues nach Norden, der auf der 2th, 4th, 6th nach Süden. Auch Adelaide, Brasilia, Chicago, Harare und Mexiko-City sind schachbrettartig angelegt, und nach einem Blick auf den Stadtplan wissen Sie, wo in der jeweiligen Stadt Norden liegen muss.

## Wie finde ich die coolen Clubs in einer fremden Stadt?

Da ist man nun in Mailand, New York oder Paris und möchte am legendären Nachtleben teilnehmen. Leider landen wir meist in teuren Touristenfallen, in denen andere Provinzler sich heimlich nach Prominenten umschauen, die man sowieso nicht erkennen würde.

Um die richtigen Clubs zu finden, studieren Sie in der Stadtzeitung oder im Szenemagazin Klatschspalte, Musikerinterviews, Modeberichterstattung und die Locations in den Fotostrecken. Ziehen Sie von den erwähnten In-Treffs diejenigen ab, die im Adressenverzeichnis stehen, die übrig bleiben, sind die Geheimtipps. Keine Angst, der Taxifahrer kennt den Weg – oder sein jüngerer Kollege. Die wissen auch, wo sich die Barkellner nach Arbeitsende treffen, das ist oft ein cooler Absturzclub mit den längsten Öffnungszeiten.

Achten Sie auf kryptische Flyer in echten Plattenläden. Das sind die, die Vinyl führen. Am Design der Flyer erkennen Sie die Stilrichtung, die Sie erwartet. Kaufen Sie sich ein paar lokale Musik- und Szenemagazine – je billiger gedruckt, desto undergroundiger – und stöbern Sie nach den richtigen Adressen.

Ein lustiges Spiel in fremden Städten ist es, an einem wichtigen U-Bahnumsteigebahnhof den richtig gekleideten Leute unauffällig zu folgen. Irgendwo kommt man immer hin. Suchen Sie im trendy Bezirk Clubs ohne Namensschild und mit blinden Fenstern.

Rufen Sie unter einem Vorwand (»Hi, I am from a Hip-Hop-Magazine in Tel Aviv«) die A&R-Manager eines Technolabels, die Styling-Assistentin eines Modemagazins oder die Praktikantinnen von Musikzeitschriften und PR-Agenturen an. Die wissen immer Bescheid. Vor dreisten Lügen dürfen Sie nicht zurückschrecken. Als Deutscher sollten Sie sich unbedingt als Berliner ausgeben, das ist die Stadt mit dem coolsten Image im Ausland.

## Wie zahle ich im Ausland?

Euros werden weltweit akzeptiert, nur in Lateinamerika sind Dollars noch beliebter. Wechseln Sie stets vor Ort, da sind die Kurse besser. Rubel, afrikanische und asiatische Währungen sollten Sie vor der Rückreise in Euro tauschen, bringen Sie nur Pfund, Yen und Dollar zurück.

Bei Reiseschecks müssen Sie ein Prozent Provision in Kauf nehmen, und Sie erhalten einen schlechteren Wechselkurs, aber dafür sind Sie gegen Verlust versichert, denn geklautes Bargeld wird nicht ersetzt. Es lohnt sich auf keinen Fall, bei der Ankunft im Ausland gleich seinen ersten Travellerscheck zu wechseln, die erste Rate am Flughafen können Sie ruhig bar eintauschen.

Die günstigste Option ist die EC-Karte, Ihre Bank darf innerhalb der Euro-Zone keinen Aufschlag berechnen, eigentlich auch nicht, wenn Sie damit Geld am Automaten ziehen. Prüfen Sie nach einer Reise Ihre Kontoauszüge und beschweren Sie sich gegebenenfalls. Im Ausland

nennt man die EC-Automaten ATMs (Automatic Teller Machines), und sie müssen das Zeichen von Maestro, ein roter und blauer Kreis mit der Inschrift Maestro, oder Cirrus aufweisen. Manche akzeptieren aber nur Visa oder Amex.

Im Internet unter www.maestrocard.com finden Sie die Länder und die genauen Adressen aller ATMs weltweit. In Nepal, Kambodscha, Ost- und Westafrika (bis auf den Senegal) gibt es keine.

Mit Visa und Mastercard sowie einer PIN-Nummer können Sie in fast allen Ländern am Automaten Geld bekommen. Es werden normalerweise drei Prozent Gebühren verlangt. Ohne PIN können Sie auch am Schalter Geld bekommen. Natürlich nur mit einem Ausweis. Aber nicht mehr als 500 Euro am Tag und 2000 Euro in der Woche – außer Sie haben es mit Ihrer Bank vorher anders verabredet.

American Express wird wegen der höheren Gebühren von immer weniger Geschäften akzeptiert. Allerdings ist der Service in den Amex-Büros sehr angenehm. Manchmal bekommen Sie sogar Bargeld oder Travellerschecks auf Ihre Karte – aber verlassen Sie sich nicht darauf …

Achten Sie darauf, dass Sie Kreditkartenbelege sicher verstauen oder besser vernichten. Denn mit den Daten auf dem Durchschlag kann jeder sehr leicht an Ihr Geld.

EC- und Kreditkarte sind weg? Da hilft nur noch Western Union oder Moneygramm. Sehr schnell und sehr teuer. Ein Freund zahlt daheim an einer Reisebank, der Postbank oder bei American Express Bargeld ein, und in weniger als fünf Minuten können Sie es in einem Dorf im Kongo in Händen halten. In Afrika ist das eine gängige Methode der Geldüberweisung. 1000 Euro kosten zum Beispiel 50 Euro Gebühren. Innerhalb der EU ist es bei der Postbank etwas günstiger.

Wenn Sie länger unterwegs sind, sollten Sie sich auf Online-Banking einlassen. Das ist, trotz aller Panik-TV-Sendungen, ziemlich sicher.

Unter www.oanda.com finden Sie im Netz einen Währungsrechner.

Übrigens, der sicherste Platz für Bargeld ist die vordere Hosentasche. Brustbeutel sind nicht nur extrem hässlich, sie zeigen dem Dieb auch sehr deutlich, wo das ganze Geld ist. Vielen Reisenden ist ihr Brustbeutel mit der Zeit lästig, und sie legen ihn dann in die Handtasche oder den Strandkorb, das macht es auch dem dümmsten Taschendieb einfach. Für größere Summen ist eine Tasche, die man sich ums Bein bindet, sicherer – die gibt's in Reisegeschäften. In den meisten Hotelzimmern ist das Geld sicherer als am eigenen Körper, wenn Sie sich durch das Getümmel drängen.

## Ist mir übel! Tipps gegen Seekrankheit

Kleine Kinder und ältere Menschen leiden seltener unter Kinetose, dem Fachausdruck für Reiseübelkeit, die Kleinen haben noch kein so ausgeprägtes Gleichgewichtsgefühl, und bei den über 50-jährigen degeneriert es bereits. Frauen, besonders Schwangere und während der Menstruation, sowie allgemein Ängstliche und Asiaten leiden häufiger unter Bewegungsschwindel und dem Magen im Rückwärtsgang.

Leiden Sie unter Übelkeit, versuchen Sie es mit Akupressur: Ballen Sie die Hand zur Faust und winkeln Sie sie Richtung Ellenbogenbeuge. Sehen Sie die zwei hervortretenden Sehnen unterhalb des Handgelenks? Dazwischen, zwei Daumenbreit unterhalb des Handgelenks, befindet sich der Neiguan-Punkt, den sollten Sie nachhaltig massieren.

Außerdem sollten Sie vor der Fahrt eine kleine, fettarme und stärkereiche Mahlzeit zu sich nehmen, aus dem Fenster auf die Landschaft oder den Horizont schauen, den Körper – vor allem den Kopf – möglichst wenig bewegen und sich gedanklich ablenken.

Tief unten im Schiffsbauch spürt man vom Wellengang am wenigsten. Allerdings sieht es da mit Frischluft schlecht aus.

Medikamente gibt es auch: Am beliebtesten sind Cholinolytika. Antihistaminika machen einen am wenigsten müde, sind also gut für Beifahrer, während Neuroleptika stark beruhigend wirken und deshalb gern für Kinder genommen werden. All diese Medikamente machen müde und sind nicht für Autofahrer, Skipper und Piloten geeignet, denn die dürfen auf keinen Fall matt werden!

Natürlich sollten Sie die Packungsbeilage lesen und Ihren Arzt oder Apotheker befragen.

# Zaubern im Haushalt

Bei den bisherigen Haushaltstipps gab es ein Problem und dazu eine oder mehrere Lösungen. In diesem Kapitel ist es genau anders herum: Ein Mittel gegen viele verschiedene Probleme.

Backpulver, Spülmittel, Streichhölzer, Zahnpasta hat wohl jeder daheim. Doch wie bei Überraschungseiern weiß man nicht, was alles in ihnen steckt. Einige der Tipps sind zugegeben etwas skurril, Autos knacken mit Tennisbällen, Unterschriften fälschen mit Kartoffeln, mit Zahnseide aus dem Gefängnis ausbrechen, aber neunzig Prozent der Tipps sind legal und nützlich für jede brave Hausfrau: Nach Schwimmen in verchlortem Wasser den Grünstich aus den gefärbten Haaren mit Aspirin entfernen bis Hustensaft aus Zwiebeln. Und wussten Sie, dass man mit Rasierschaum …

Doch lesen Sie selbst.

# Aspirin

Bereits Hippokrates verwendete Weidenrinde gegen Schmerzen und Fieber. Im Mittelalter kochten Kräuterweibchen einen Sud aus der Silberweide, denn nach der Logik des Mittelalters half der Trank gegen Rheumatismus und steife Gelenke, da die Weide biegsame Zweige besaß, und gegen Erkältungen, weil der Baum im Wasser stehen konnte, ohne zu husten. Es gab allerdings ein kleines Problem: Aus Weidenzweigen wurden Körbe geflochten, die waren wirtschaftlich wichtiger als irgendwelche Zaubertränke. Daher verbot die Obrigkeit die medizinische Anwendung. So vergaß man das Naturheilmittel. Bis ein Engländer namens Stone bemerkte, dass die peruanische Chinarinde, mit der man Sumpffieber bekämpfte, so ähnlich wie die europäische Silberweide schmeckte, und er 1763 aus der Rinde ein Fieber senkendes Mittel extrahierte. Als die Briten gegen Napoleon eine Kontinentalsperre verhängten und keine Schiffe mit Chinin in die Häfen ließen, griff man in Deutschland auf die heimischen Bäume zurück. Der Erfolg der Salix alba war so durchschlagend, dass im ganzen 19. Jahrhundert französische, italienische und deutsche Chemiker versuchten, den Wirkstoff aus der Weidenrinde zu gewinnen, bis endlich 1897 Felix Hoffmann ein chemisch reines und stabiles Kopfschmerzpulver herstellte: Acetylsalicylsäure.

Doch Aspirin dient nicht nur dem Menschen. Gummibäume wachsen besser, und Schnittblumen blühen länger, wenn Sie eine Tablette ins Wasser geben. Farbtönungen und Grünstich nach einem Bad in gechlortem Wasser können Sie mit einer in Shampoo aufgelösten Tablette entfärben, wobei dies gleichzeitig gegen Schuppen hilft. Kalkablagerungen in Thermoskannen verschwinden, wenn Sie das aufgelöste Kopfschmerzmittel in die Kanne gießen und einwirken lassen.

Aspirin ist ein Blutverdünner, deshalb beugt es der Gefahr von Blutverklumpungen (Thrombosen) vor, wie sie besonders bei langen Flügen auftreten können. Haben Sie also dickes Blut, trinken Sie vor dem nächsten Flug ein Glas Aspirin. Rettungssanitäter reinigen mit abgelaufenen Pillen ihre blutbefleckten Utensilien, eine Methode, die auch Sie für unerwünschte Blutflecke, etwa auf der Bettwäsche, anwenden können. Doch ASS hat ein paar Nachteile. Bestimmte Medikamente verlieren in Kombination mit Aspirin ihre Kraft, und der Magen verträgt es nicht, wenn ihm täglich Acetylsalicylsäure zugemutet wird.

# Backpulver

Es war die geniale Idee des Apothekers Dr. August Oetker, die bisherigen Backtreibmittel aus Natron zu verbessern und ab 1893 in kleinen Tütchen zu verkaufen, genau ausreichend für ein Pfund Mehl. Dr. Oetker ahnte damals jedoch nicht, was sich mit seinem Pülverchen noch so alles anstellen ließ.

Im Topf kleben eklige angebrannte Speisen? Bringen Sie Wasser mit Backpulver zum Kochen, dann lassen sich die Essensreste leicht abkratzen. Kalkablagerungen in Thermoskannen, Blumentöpfen und Toilettenschüsseln lösen sich mit Speisenatron. Streuen Sie es einfach darauf, lassen Sie es einwirken und bürsten Sie es ab. Fliesenfugen strahlen, wenn Sie diese mit einem Brei aus Backpulver und Wasser abrubbeln. Geben Sie Magermilch und das weiße Zauberpulver zum letzten Spülgang in die Waschmaschine, dann werden vergilbte Gardinen wieder weiß. Selbst Unterwäsche verliert so den Grauschleier. Unzugänglicher Schmutz in Herdrillen löst sich ebenfalls durch Natriumbikarbonat. Streuen Sie es auf die verschmutzten Stellen und erhitzen Sie die Herdplatte leicht. Das Prinzip funktioniert auch bei verschmutzten Hemdkrägen: einfach Backpulver aufstreuen und bügeln. Wasserspritzer auf dem Badezimmerspiegel lassen sich mit Backpulver und einem Staubtuch leicht wegreiben.

Eine Schale Backnatron im Kühlschrank bindet Gerüche. Dies funktioniert ebenfalls in Aschenbechern, zum Beispiel im Auto. Als Deodorant neutralisiert es sogar Schweißgeruch unter der Achsel. In stinkende Abflüsse können Sie eine Packung Backpulver schütten und mit einem halben Liter kochendem Wasser nachspülen. Dies sollte die Gerüche vertreiben.

Eine Prise $NaHCO_3$ in den Kaffeefilter macht kalkreiches Wasser weich, und Milch mit einem kleinen Stich kann mit Backpulver gerettet werden. Selbst Kartoffelpuffer, Erbsen und Kohl werden mit einem Teelöffel Backpulver pro Liter Wasser leichter verdaulich.

Das ist noch nicht alles: Den Inhalt eines Dr.-Oetker-Beutels auf die Zahnbürste gestreut neutralisiert Säuren und beugt Karies und Mundgeruch vor.

Und zu guter Letzt: Ameisen werden durch Backpulver vertrieben. Einige fressen es und platzen, andere flüchten lieber gleich.

# Cola

Nur sechs Gläser am Tag verkaufte Dr. John S. Pemberton von seiner Erfindung im ersten Jahr, damit kam er auf einen Umsatz von 50 und einen Verlust von 20 Dollar. Kein Wunder, dass er für 2300 Dollar das Patent für seine Limonade hergab, die er nach der Colanuss und dem darin enthaltenen Cocain benannt hatte. Nur wenige Jahre später – Kokain ist seit 1903 nicht mehr im Erfrischungsgetränk enthalten – wurde der koffeinhaltige Sirup zur nationalen Institution. Die Geheimformel X7 wird seitdem besser als jedes Staatsgeheimnis gehütet. Die typische Flasche mit dem rasanten Hüftschwung wurde 1916 nach einer Jugendstilvase entworfen und im Volksmund Mae West genannt – weder die kurvenreiche Schauspielerin noch die Coca Cola Company haben sich jemals darüber beschwert.

Doch im dunklen Gebräu stecken noch ganz andere Geheimnisse: Cola entfernt Flecken von Porzellan, löst verklebten Kaugummi aus den Haaren und bringt neue Durchsicht auf angelaufene Windschutzscheiben. Die braune Brause reinigt Fliesenspalten und sogar Toilettenschüsseln. Sie müssen sie einfach ein paar Stunden einwirken lassen. Rostflecken in Chrom können Sie mit Alufolie und Cola abschmirgeln und bei hartnäckigen Ölflecken einen Schuss des Getränks zum Waschmittel geben.

Angeblich werden mit Cola sogar Blutflecke nach Autounfällen von der Straße entfernt.

Auch verrostete Türschlösser, Münzen und Autobatteriekontakte sowie verkalkte Kessel sind nach Einwirken der koffeinhaltigen Limonade wieder gebrauchsfähig, und festsitzende Schrauben lassen sich mit Cola wieder rausdrehen. Doch das ist noch nicht alles: Cola vertreibt durch einfaches Gurgeln auch Schluckauf. Weißhäutige Menschen benutzen es als Selbstbräuner – das kann aber Flecken geben. Diese hingegen sind durchaus erwünscht, wenn man damit Fotos auf alt trimmen will. Tauchen Sie Ihre Bilder ein paar Minuten in Cola ein, nehmen Sie sie vorsichtig aus der Flüssigkeit und fönen Sie sie trocken.

In den USA wird das Kultgetränk auch zum Kochen benutzt. Zum Beispiel können Sie Rollschinken oder Kassler in Alu wickeln und in einer Kasserolle mit Cola backen. Dreißig Minuten vor dem Ende der Garzeit die Folie entfernen, dann mischt sich Bratensaft und der Sirup zu einer leckeren Soße. Dazu passen geschmorte Marshmellows und ein edler Tropfen Red Bull, denn Cola ist viel zu ungesund zum Trinken. Guten Appetit!

# Eiweiß

Es war ein Missverständnis. Lange dachte man, im Eiklar wäre besonders viel Eiweiß. Doch es sind nur vier Prozent, im Eigelb ist drei Mal mehr Protein. So heißt der Baustein des Lebens korrekt. Der Chemiker Jöns Jacob Brezelius schlug am 10. Juli 1838 seinem holländischen Kollegen Gerardus Johannes Mulder vor, den Stoff, den er aus Eiklar gewonnen hatte, Protein zu nennen, nach dem griechischen Wort Protos für Erstes beziehungsweise Wichtigstes.

Eiklar kann für viele, höchst unterschiedliche Zwecke verwendet werden. Im Mittelalter bestrichen die Buchbinder Pergament mit Eiklar, damit es schön glänzt. Seine früher wichtige Rolle als Bindemittel für Blattgold und als Emulsion für Fotos hat das Gallert längst ausgespielt. Heute bestreicht man mit Eiklar Saughaken, damit sie bombenfest auf Kacheln haften. Die Gummiringe von Einmachgläsern halten fest und schließen dicht, wenn sie vorher kurz in Eiweiß getaucht werden. Wenn Sie einen Briefumschlag vor dem Verschließen mit dem wässrigen Seim bestreichen, kann man ihn nicht heimlich mit Wasserdampf öffnen. Bei fettiger Haut reinigt eine Maske aus Eiklar die Poren. Haben Sie Ihre Suppe versalzen, kippen Sie das getrennte Ei hinein. Eiklar bindet das Salz. Ist die Suppe fertig, löffeln Sie den geronnenen Klumpen heraus, und die Suppe schmeckt dann hoffentlich so, wie es sein sollte. Hühnerbrust, die vor dem Braten mit Eiklar bestrichen wird, gerät besonders zart. Um Eiklar steif zu schlagen, geben Sie eine Prise Salz hinein.

Eiklar hat weder Kalorien noch Cholesterin, magere New Yorker werden deshalb von ihren Ernährungsberatern aufgefordert, rein weiße Spiegeleier zu essen, ohne egg yolk.

# Essig

Essig entsteht auf natürliche Weise. Wenn man Wein offen stehen lässt, dann wandeln Bakterien den Alkohol dank Sauerstoff in Essig um. Etwas mehr Mühe muss man sich mit Aceto Balsamico Tradizionale veccio geben, da kann ein Liter schon mal 1000 Euro kosten. Doch den sollte man sich für besondere Gelegenheiten aufheben, denn für den Hausputz reicht Essigessenz, weißer Haushaltsessig oder Apfelessig.

Früher erhoffte man sich vom Essig Abhilfe gegen Hexerei, Atembeschwerden, Appetitlosigkeit, Geldmangel und schlechte Laune. Im Mittelalter galt Alkohol, Knoblauch und besonders Essig als Schutz gegen die Pest. Kranken stellte man ein Schüsselchen Essig neben das Bett, und während einer Epidemie in Toulouse rieben sich vier Leichenfledderer mit einer Mixtur aus Essig und geheimen Ingredienzien ein, um sich vor Ansteckungen zu schützen, bevor sie zu ihrem gruseligen Geschäft aufbrachen. In den Toulouser Archiven heißt es: »Vier Diebe wurden überführt, die während der vergangenen großen Pest in das Haus der Pestkranken gingen, diese in ihrem Bett erwürgten und dann die Häuser ausräumten. Aus diesem Grund wurden sie verurteilt, bei lebendigem Leibe verbrannt zu werden. Damit ihre Strafe weniger hart ausfiel, verrieten sie ihr Geheimnis; daraufhin wurden sie gehenkt.«

Das Originalrezept soll folgendermaßen gelautet haben: 3 Pinten starker Weißwein-Essig, 1 Handvoll Wermut, Mädesüß, Wacholderbeeren, wilder Majoran und Salbei, 50 Gewürznelken, 2 Unzen Alant-Wurzeln, 2 Unzen Engelwurz, 2 Unzen Rosmarin, 2 Unzen Andorn, 3 g Kampfer. Einfachere Varianten sind heute unter dem Namen Vier-Diebe-Essig zu erhalten. Es soll gegen Erkältung helfen und, wie es im Internetshop für magische Zaubermittel heißt, »um negative Energien und Feinde zu entfernen«.

Essig ist der natürliche Feind von Schimmel, Grünspan, Kalkablagerungen, Schweißflecken und gelben Bügelflecken. Reiben Sie die fleckige Stelle einfach mit Essigessenz ab oder weichen Sie sie darin ein. Unkraut und Ameisen mögen keinen Essig. Reichlich an den betroffenen Orten verschüttet, und man ist die unangenehmen Besucher los.

Verkalkte Armaturen, Duschköpfe und Dampfbügeleisen reinigen Sie schonend mit Essigessenz und heißem Wasser. Einfach ein paar Stunden einweichen beziehungsweise im Bügeleisen einige Minuten dampfen lassen, dann abschalten, eine Stunde warten, ausgießen, durchspülen und neues Wasser einfüllen. Mit dem warmen Essigwasser können Sie hinterher noch Tapeten von der Wand lösen. Tragen Sie das angereicherte Wasser mit einem Schwamm auf und ziehen Sie die Tapete nach einer Weile einfach ab.

Auch Duschkabinen und Badewannen werden mit Essig und Salz super sauber.

Mit etwas Essig im Wasser lassen sich angeknackste Eier kochen, ohne dass das Eiweiß ausläuft. Mit Essig im Wasser der ersten Wäsche halten Strumpfhosen länger und ziehen keine Fäden. Ein Schuss Essig in hartem Wasser ist gut für Rhododendron und Azaleen. Aggressive Hühner picken nicht nacheinander, wenn Sie einen Tropfen Essig in ihr Trinkwasser geben.

Essig saugt Gerüche auf, beispielweise frische Farbe und Zigarettenrauch, wenn Sie ihn einfach in ein paar Schälchen gießen und diese aufstellen. Verrauchte Kleider hängen Sie am besten über dampfendes Essigwasser, und der Kneipengeruch verzieht sich. Müffelnde Hunde verlieren nach einer Essigmassage ihren komischen Geruch. Spülen Sie einen ausgenommenen Fisch in Essigwasser, verliert er Schleim und seinen typischen Geruch.

Essigwasser bringt verblasste Farben wieder hervor. Wenn Sie die Teppichbürste darin eintauchen oder Essig in die Waschmaschine geben, dann bleibt die Kleidung farbecht, und auch die Waschmaschine erfreut sich an der Anti-Schimmel-Kur.

Haben Sie zu viel Zucker in einen Teig gemischt, geben Sie Apfelessig hinzu. Er neutralisiert die überflüssige Süße. Apfelessig ist auch gut gegen Akne, wenn Sie mit ihm zusammen mit warmem Wasser das Gesicht waschen. Raue Kehlen sollte man mit Essigwasser gurgeln. Im heißen Wasserdampf eingeatmet befreit Essig von Brustschmerzen.

Essig ist gut gegen fettiges und schuppiges Haar. Nach der normalen Haarwäsche können Sie eine extra Spülung mit weißem Essig ins Haar geben und anschließend auswaschen. Im Badewasser verwöhnt er trockene Haut.

Essigwasser desinfiziert leere Senf- und Mayonnaisegläser, den Kühlschrank, den Brotkasten, die Mikrowelle und hölzerne Schneidebrettchen. Er entfernt Zwiebelgeruch und Obstflecken von den Händen, lässt Schnittblumen länger blühen – einfach einen Schuss Essig in das Blumenwasser geben. Harte Pinsel werden in kochendem Essigwasser wieder weich. Anschließend sollten Sie sie mit Seifenlauge auswaschen.

Die Abbindezeit von Gips wird durch Weinessig verlängert. Soll der Gips schneller hart werden, geben Sie Salz dazu. Übrigens, mit Gips ist es wie mit Pfannkuchen: Gips (beziehungsweise Mehl) rührt man immer in das Wasser (beziehungsweise Milch) hinein, nicht Wasser in Gips, sonst gibt es Klumpen.

# Feinstrumpfhosen

Der französischen Revolution haben wir viel zu verdanken. Das bürgerliche Gesetzbuch, den Meter und die lange Herrenhose. Bis dahin zeigte der feine Mann nämlich gern eine gut geschwungene Wade. Farbige Strümpfe unter der Kniehose galten als modisches und erotisches Signal. Damenbeine hingegen wurden noch weit über hundert Jahre versteckt.

Teure Strümpfe wurden bereits im 16. Jahrhundert an Wirkmaschinen hergestellt, die weitaus komplizierter als Webstühle waren. Handgestrickte Strümpfe waren bei weitem nicht so fein wie diese aus einem einzigen Faden gewirkten Dessous.

Heute sind billige Feinstrumpfhosen für 99 Cent ein Wegwerfartikel. Sie halten jedoch länger, wenn man sie mit Haarshampoo per Hand wäscht. Doch auch mit Laufmasche kann man sich ihrer engmaschigen Struktur bedienen.

Wenn Sie Ihre Kontaktlinsen, feine Schräubchen oder Ohrstecker verloren haben, spannen Sie eine Nylon über den Staubsauger und schalten Sie ihn ein. Die vermisste Linse wird angesaugt, aber nicht verschluckt. Alte Wandfarbe können Sie durch eine Strumpfhose seihen, die Klumpen bleiben hängen, und man kann die Farbe weiter verwenden. Das Kunstfasergespinst eignet sich hervorragend dazu, Fenster und Lederschuhe zu putzen. Fenster bleiben streifenfrei, Schuhe und Kerzen glänzen wie neu, wenn man sie mit einer Feinstrumpfhose poliert. Selbst zerfetzte Nylonstrümpfe können noch als Fusselfänger im Wäschetrockner dienen. Zum Staubwischen ziehen Sie einfach einen Nylonstrumpf über den Staubwedel oder Mopp. Den Strumpf können Sie anschließend wegwerfen, und der Staubwedel beziehungsweise Mopp bleibt sauber. Wenn Sie Gardinen waschen, müssen Sie nicht unbedingt alle Haken herausnehmen. Bündeln Sie die Aufhänger und stopfen Sie sie in einen Strumpf. Ein einzelner Strumpf kann auch als Hülle für Packpapier oder als Schuhbeutel während einer Reise dienen oder um Blumenzwiebeln im Garten zu trocknen. Oder Sie packen ein Stück Seife hinein und hängen den Strumpf neben den Wasserhahn im Garten, dann haben Sie immer saubere Hände und saubere Seife. Wenn Sie Gemüsezwiebeln in einen Strumpf einsacken und nach jeder Knolle einen Knoten machen, können Sie diese einzeln von unten herausschneiden. Ausgestopft mit Zeitungspapier sind Strümpfe ein idealer Schuhspanner.

Nylons sind auch ein guter Geruchsfänger: Füllen Sie Tee- oder Rosenblätter hinein und stopfen Sie sie in einen Schuh. Mit Katzenstreu gefüllt saugen sie üble Gerüche und ausgelaufene Flüssigkeiten auf, etwa unter dem schwer zugänglichen Autositz. Strumpfhosen sind elastisch und stabil. Wo normale Gummibänder versagen, halten sie noch Müllsäcke und Zeitungsbündel zusammen und rankende Pflanzen am Gitter fest.

# Gebissreiniger

George Washington war nicht nur der erste amerikanische Präsident, sondern auch der erste Träger eines künstlichen Gebisses. Der »Zahnarzt« John Greenwood, ein ehemaliger Tischler und Mechaniker für nautische Instrumente, bastelte aus Flusspferdknochen, Walrossbein, Gold und menschlichen Zähnen wuchtige Zahnschienen, die mit Drähten verbunden und mit Siegelwachs angemalt waren, um an Zahnfleisch zu erinnern. Sein furchtbares Gebiss kann man heute im Smithsonian National Museum of American History in Washington besichtigen. Washington hatte zuletzt nur noch einen einzigen Zahn, den trug Greenwood nach dem Tod des Präsidenten an seiner Uhrkette. Der energische Gesichtsausdruck mit den schmalen Lippen auf den Portraits George Washingtons ist wohl weniger Ausdruck eiserner Entschlossenheit als vielmehr ein Zeichen unbändigen Zahnwehs. Und es demonstriert seine Scheu, auf keinen Fall seine Zähne zu zeigen.

Heute haben es Zahnlose zum Glück leichter. Der Zahnersatz lässt sich abends rausnehmen und in ein Glas mit Gebissreiniger legen. Doch noch ganz andere Sachen lassen sich mit Kukident & Co. anstellen.

Nagelfeilen, Silberketten, die Scherköpfe von Elektrorasierern, elektrische oder normale Zahnbürsten werden wieder sauber, wenn man sie in ein Wasserglas stellt und eine Gebissreiniger-Tablette darin auflöst.

Thermoskannen, Kaffeemaschinen und Teekessel lassen sich ebenfalls mit diesen Reinigertabs entkalken.

Hässliche Ränder in der Toilettenschüssel verschwinden, wenn Sie Gebissreiniger einwerfen und über Nacht einwirken lassen. Stellen Sie doch einfach gleich noch die WC-Bürste hinzu, dann wird die gleichfalls wieder weiß.

# Gefrierbeutel

William Cullen war einer der bedeutendsten Mediziner des 18. Jahrhunderts. Der Schotte schrieb das Standardwerk »Synopsis nosologiae methodicae«, nach dem Generationen von Ärzten in ganz Europa Krankheiten diagnostizierten. Sein Ruhm machte die Universität von Edinburgh zum Mekka der Medizin. Seine vielleicht wichtigste Erfindung war die Neurose, denn dieser Begriff sollte das ganze 19. Jahrhundert prägen. Es gilt als das »nervöse Zeitalter«.

Nebenbei – in dieser Zeit gab es noch Universalgenies – erfand William Cullen den Kühlschrank oder zumindest das Prinzip der Kältetechnik. Er erzeugte Eis, indem er aus einer Glasglocke die Luft heraussaugte: Wasser gefriert im Vakuum.

Heute hat jeder von uns einen Kühlschrank zu Hause und bewahrt in Gefrierbeuteln Fleisch oder Suppen auf. Doch auch im Warmen können Gefrierbeutel Ihnen im Haushalt helfen.

Panieren Sie das nächste Mal Fisch oder Schnitzel doch im Gefrierbeutel. Füllen Sie Eier, Mehl, Semmelbrösel, zerriebene Salzstangen oder Ihre eigene Lieblingspanade in den verschließbaren Plastikbeutel. So gibt es keine Sauerei, wenn das Schnitzel in der luftdicht verpackten Mehlmischung gewälzt wird. Ebenso können Sie auch mit klebrigem Kuchenteig verfahren – einfach durch den Beutel kneten.

Mehlwolken beim Teigausrollen lassen sich vermeiden, wenn Sie den Kuchenroller und die Grundlage eben nicht mit Mehl bestäuben, sondern einen Gefrierbeutel zwischen Teig und Nudelholz legen.

Wenn Sie Suppe nicht in Töpfen oder Plastikdosen aufbewahren, sondern in Gefrierbeuteln, sparen Sie Platz, denn die flachen Beutel lassen sich stapeln.

Stahlwollepads rosten nicht nach einmaligem Gebrauch, wenn Sie diese in Gefrierbeutel packen.

Auf Ausflügen schmilzt die Butter nicht, wenn Sie sie gut verpackt in einen Gefrierbeutel stecken und diesen halb mit kaltem Wasser auffüllen.

Die vielfach einsetzbaren Plastiktüten geben zudem einen guten Beutel für Eiswürfel ab, um Sportverletzungen zu kühlen oder Wachstropfen von Kleidern zu entfernen.

# Gelatine

Den aus Knochen gewonnenen Leim kannten vermutlich bereits die Ägypter. Seit dem 17. Jahrhundert wird Gelatine zum Kochen benutzt, aber wirklich bedeutend wurde die unscheinbare Flüssigkeit erst mit der Erfindung der Fotografie. Denn die mit Kaliumbromid und Silbernitrat vermengte Masse war eine ideale Beschichtung für Glasplatten. Gelatinefotos waren weitaus lichtempfindlicher und haltbarer als die Vorläufer. Man konnte mit den Fotoplatten reisen und Momentaufnahmen machen, sowohl die Amateur- als auch die Reportagefotografie wurden so erst möglich.

Heute ist Gelatine in der Lebensmitteltechnologie als Bindemittel nicht mehr wegzudenken. Doch nicht nur Gummibärchen werden aus dem tierischen Kleister hergestellt.

Damit Bügelfalten länger halten, tunken Sie ein Wattestäbchen in aufgelöste Gelatine und streichen Sie damit über die linke Seite, also die Innenseite der Hose, wo die Falte hin muss. Dann bügeln Sie normal von der rechten, der Außenseite, die messerscharfe Bügelfalte.

Seide glänzt, wenn Sie den Stoff mit einer dünnen Gelatinelösung spülen.

Um Flaschen absolut dicht zu verschließen, schneiden Sie den Korken direkt über dem Flaschenhals ab und tauchen den Verschluss in eine Mischung aus Essig und Gelatine. Die Masse erstarrt zu einem bombenfesten Siegel.

Um zu prüfen, ob Wände feucht werden, heften Sie ein Blatt Gelatine unter einem Stück Pappe an die Wand. Hat sich am nächsten Tag die Gelatine aufgelöst, sind die Wände feucht.

Ein guter Kitt für Glas, Holz und Porzellan: Gelatine in warmer Essigsäure lösen und auf die Bruchstellen auftragen. Der Klebstoff muss einen Tag trocknen.

Fingerfarben lassen sich wie folgt selbst herstellen: Rühren Sie Mais- oder Kartoffelstärke mit Wasser zu einer glatten Paste. Bringen Sie diese unter Rühren so lange zum Kochen, bis die Masse klar ist. Nehmen Sie den Topf vom Herd und rühren Sie die in kaltem Wasser aufgelöste Gelatine hinein. Lassen Sie die Masse erkalten und rühren Sie dann nach Belieben Lebensmittelfarbe, Kurkuma, Rote-Bete- oder Heidelbeersaft darunter. Anschließend sollten Sie die Farben im Kühlschrank aufbewahren.

# Geschirrspülmittel

Zwei Männer wollten nach Westen. Der eine kam aus England und hatte eine sterbende Frau bei sich, der andere, ein irischer Auswanderer, war selber krank. So blieben beide zufällig in Cincinnati hängen und heirateten die Schwestern Olivia und Elizabeth Norris. Der eine Mann war Seifensieder und hieß James Gamble, der andere, William Procter, schlug sich als Kerzenmacher durch. Auf Rat ihres gemeinsamen Schwiegervaters gründeten sie 1837 ein Unternehmen, das heute zu den größten der Welt gehört. Eines ihrer erfolgreichsten Produkte war *Ivory Flakes*, Seife in Flockenform, um Geschirr und Wäsche zu waschen. Nun musste die Hausfrau nicht mehr Seife auf ihrem Waschbrett reiben. Das schonte ihre Finger, und mit *Ivory Flakes* als dem ersten Geschirrspülmittel waren unsere Urgroßmütter erst recht glücklich.

Glücklich können Sie auch mit Geschirrspülmittel werden, das nicht aus diesem Hause stammt. Vor dem Haarefärben sollten Sie das Waschbecken mit Spülmittel einreiben, dann lässt sich die Farbe hinterher leichter wegwischen, und das Becken glänzt heller als zuvor. Wenn Sie Ihrer Fliegenfalle aus Wasser und Zucker, überreifem Obst oder Likör etwas Geschirrspülmittel beimischen, löst sich die normale Oberflächenspannung des Wassers, und die Fruchtfliegen können nicht mehr rauskrabbeln.

Ein Loch in der Luftmatratze? Tunken Sie einen Schwamm ins Abwaschwasser und streichen Sie mit ihm über die Matratze. Das Geschirrspülmittel wird an der Stelle des Lochs Blasen bilden. Gegen Blattläuse und andere unwillkommene Besucher Ihrer Balkonpflanzen hilft eine Sprühladung mit Spülmittel. Um Fett- und andere Spritzer aus der Mikrowelle zu entfernen, stellen Sie ein Schüsselchen mit Wasser, Essig und flüssiger Seife hinein. Lassen Sie die Mikrowelle fünf Minuten auf Höchsttemperatur laufen und kühlen Sie anschließend das Gerät für zehn Minuten ab. Danach können Sie das Innere der Mikrowelle mit einem Lappen sauber reiben. Festklebende Etiketten lassen sich mit Geschirrspülmittel abrubbeln. Auch Schmierereien auf Wänden verschwinden wieder, und Fenster werden mit dem Reinigungsmittel im Waschwasser klar und glänzend.

# Glycerin

Glycerin ist ein sehr geheimnisvolles und phantastisches Nebenprodukt der Seifenproduktion, so Gewinn bringend, dass es nicht in der Seife verwendet, sondern weiter verkauft wird, um damit zum Beispiel Dynamit herzustellen oder Leichen einzubalsamieren. Dabei hat die Fett-Wasser-Emulsion eine sehr hautfreundliche Eigenschaft: Sie nimmt Flüssigkeit auf und macht die Haut zart. Noch kann sich die Wissenschaft nicht einigen, ob Glycerin, eine neutrale, süße, dickflüssige Substanz, nur Wasser aufnimmt und weitergibt oder auch selbst »zärtliche« Eigenschaften hat.

Bei Minusgraden wird Glycerin zu einer gummiartigen Paste und bleibt elastisch. Deshalb können Sie die Türdichtungen Ihres Autos dünn mit Glycerin abreiben, dann friert nichts fest. Gummi jeder Art bleibt frisch und elastisch, wenn man ihn mit Glyzerinwasser behandelt. Wenn Sie beispielsweise das Gefrierfach Ihres Kühlschranks nach dem Abtauen mit Glycerin auswischen, lassen sich Eisschichten später viel leichter entfernen. Wachs bleibt nicht in Kerzenhaltern kleben, wenn man sie vorher mit Glycerin ausschmiert. Staubsauger gleiten besser mit ein wenig Glycerin am Ansaugstutzen, und Windschutzscheiben und Brillen bleiben klar, wenn man sie mit Glycerin poliert. Insekten und blühende Bäume sondern manchmal Saft ab, der auf Ihr Auto tropft? Mit Glycerin gehen die nervigen Verschmutzungen wieder runter. Geben Sie etwas Glycerin auf verbrauchte Stempelkissen, dann kommt der letzte Rest an Farbe zum Vorschein. Ein paar Tropfen in das Putzwasser, und der Staub sucht sich ein anderes Plätzchen. Wolle läuft nicht ein, wenn Sie einen Esslöffel Glycerin in das Waschwasser geben. Weihnachtsbäume nadeln weniger, wenn Sie ein wenig Glycerin in das Wasser geben, in dem der Baum steht. Bei einem Splitter in der Zunge können Sie sich die Eigenschaft des Glycerins zu Nutze machen, Flüssigkeit aufzunehmen. Streichen Sie Glycerin auf die Zunge, und der Splitter lässt sich aus der angetrockneten Haut leicht herausziehen.

Glycerin lässt sich in Wasser und Alkohol lösen, jedoch nicht in Öl. Weil es Wirkstoffe aufnimmt und konserviert, kann man damit Salben und Kosmetika herstellen. Schmelzen Sie Glycerin, eventuell im Wasserbad oder in einem Topf, den Sie nicht mehr zum Kochen benutzen wollen, und rühren Sie etwa 30 Gramm geschmolzenes Bienenwachs oder Shea Butter pro Pfund Glycerin hinzu, bis alles vermischt ist. Nehmen Sie den Topf vom Herd, lassen Sie ihn ein wenig abkühlen und geben Sie nach Lust und Laune Rosen- oder Zitronenöl und Lebensmittelfarbe hinzu. Dann füllen Sie das Gemisch in kleine Förmchen, zum Beispiel Styroporeierschachteln, und lassen Sie es erkalten. Sie haben jetzt eine perfekte Seife!

# Haarspray

Im Zweiten Weltkrieg starben auf den tropischen Inseln im Pazifik mehr amerikanische Soldaten an Malaria als in den Gefechten mit dem japanischen Militär. Lyle Goodhue und William Sullivan verbesserten deshalb die Druckgasflasche des Schwedens Eric Rotheim und erfanden die Spraydose, um mit Insektenspray den Malariaüberträgern den Garaus zu machen.

Könnte man nicht damit auch Haarfestiger zerstäuben?, fragte man sich 1955 im Hause Schwarzkopf und presste Haarfestiger durch die Kanüle. Es war die Geburt von *Taft*, dem ersten Haarspray. Bis dahin schmierten sich die Herren Brillantine in die Frisur, die Damen behalfen sich mit Klammern und Nadeln. Der Rest kam unter einen aufwendigen Hut. Heute kann man Filmen ihre Entstehungszeit ansehen, denn seitdem es Haarspray gibt, tragen die Kinodiven keine Hüte mehr. Modistinnen wurden überflüssig, eine ganze Industrie verschwand. Das Haar hielt mit Spray allein, die Epoche des *Big Hair* begann.

Was die Erfinder des Haarsprays nicht bedachten, man kann mit dem Aerosol allerlei Unsinn anstellen und auch wieder wegmachen. Kritzeleien von Kugelschreibern und Filzstiften auf Kleidern oder Polstermöbeln können Sie mit Haarspray besprühen, danach lassen sich die Schmie-

rereien mit einem feuchten Tuch ausreiben. Geht Haarfärbemittel mal daneben, sprühen Sie den Fleck mit dem feinen Gas ein und lassen ihn ein paar Minuten trocknen, bevor Sie ihn ausreiben.

Kreidemalereien in den Fußgängerzonen, Bleistiftzeichnungen, Trockenblumen und Dekolletés behalten ihren Glanz, wenn man sie mit dem Fixierspray aus der

Dose bedenkt. Reißverschlüsse, deren Zähne immer aus der Reihe tanzen, haften wieder, wenn sie damit eingesprüht werden. Türen lassen nach einem *Pfft* aus der Dose das Quietschen sein, und neue Lederschuhe färben nicht auf die Socken ab, wenn Sie sie mit einer Wolke Haarspray einnebeln. Nähfaden lässt sich leichter durch ein Nadelöhr ziehen, wenn Sie das Ende des Zwirns mit Haarspray tränken und kurz trocknen lassen.

Und zu guter Letzt ein Tipp für alle Tierfreunde: Wespen reagieren aggressiv auf Insektenspray, aber gegen das gute alte Haarspray haben sie nichts. Es verklebt zwar ihre Flügel, verwundert fallen sie zu Boden, und dann können Sie die hilflosen Tiere mit einem Stück Papier aufsammeln und aus dem Fenster werfen. Bald werden die Wespen anfangen, sich ihre Flügel zu putzen, und das Weite suchen.

# Jod

Als der Mönch Berthold Schwarz das Schwarzpulver erfand, brauchte man massenhaft Salpeter. Herumziehende Salpetersieder durchwühlten den Boden der Bauern, denn in der Erde unter den Ställen und Misthaufen sammelte sich das kostbare Mineral. Salpetersieder galten bei der Landbevölkerung als Plage, denn eine Entschädigung für die hinterlassene Unordnung gab es nicht. Auch im Seegras gibt es Salpeter, und 1811 sott der französischen Salpetersieder Curtois getrocknetes Seegras, sogenanntes Kelp. Dabei setzte sich ein weiterer, für die Schießpulverproduktion aber überflüssiger Stoff ab: Jod, das auf diese Weise erstmals chemisch rein gewonnen wurde. Gerade noch rechtzeitig, denn mit der Entdeckung der großen Salpeterfelder in Chile neun Jahre später starb der Beruf des Salpetersieders aus.

Wir kennen das 53. chemische Element als rote Tinktur, um Wunden zu behandeln. Seine rotfärbende Eigenschaft können wir uns auch anderweitig zu Nutze machen. Hat man sich zum Beispiel einen winzigen Splitter in der Haut eingefangen, den man mit bloßem Auge nicht ausmachen kann, pinselt man etwas Jod über die Stelle, und das Holz wird sichtbar rot. Kratzer in Mahagoni und anderen dunklen Hölzern lassen sich mit dem chemischen Element aus der Gruppe der Halogene ausbessern.

Reiben Sie das Jod mit einem trockenen, weichen Tuch ein und lassen Sie es trocknen. Manchmal muss man die Prozedur wiederholen.

Jod ist desinfizierend. Ein paar Tropfen mit Leinöl gemischt, ergibt ein gutes Hämorridenmittel. Ein halber Teelöffel in 20 Litern Wasser tötet eventuelle Keime; das Wasser bleibt für Jahre trinkbar.

# Kaffeefilter

Eine sächsische Hausfrau ärgerte sich 1908 über den Kaffeesatz in den Tassen und schlug mit einem Hammer Löcher in den Boden eines Messingtopfs, legte Löschpapier aus dem Schulheft ihres Sohnes darauf und brühte frischen Kaffee auf – und siehe, der Satz blieb im Topf. Mit dem Patent und 43 Reichspfennig gründete Frau Bentz mit ihrem Mann eine Firma in einem Raum ihrer Vierzimmerwohnung. Die Erfindung führte jedoch zum Aussterben eines sehr schönen Namens, heute nennt niemand mehr seine Tochter nach einem Kaffeefilter, denn Frau Bentz hieß mit Vornamen Melitta. (Merkwürdigerweise gibt es eine ganze Reihe von Marken, die nach weiblichen Vornamen gebildet wurden und mit M anfangen: Mercedes, die Tochter eines Daimler-Großkunden, oder Maybelline, die Schwester des Mascara-Produzenten T. L. Williams.)

Wenn Sie heiße Soßen durch einen Kaffeefilter gießen, bleibt das Fett zurück. Joghurt beziehungsweise Quark verliert so überflüssige Flüssigkeit, wenn Sie beispielsweise einen Dip zubereiten. Fotografen halten weiße Kaffeefilter eine Handbreit über den Blitz, denn so wird das Licht gedämpft, und Nahaufnahmen gelingen besser. Die verschmutzten Kontakte von Druckerpatronen lassen sich mit dem rauen und leinenfreien Papier reinigen. In

Blumentöpfen verhindern Kaffeefilter, dass Erde durch das Loch am Boden tropft; Sie sparen sich also Untertöpfe. Kaffeefilter haben die richtige Form, um damit Döner, Waffeln oder heiße Käsetoasts zu essen. Wenn Sie Eis am Stil durch ein Loch im Filter halten, tropft das Eis nicht auf die Finger. Die Filter schützen auch empfindliches Geschirr. Legen Sie zwischen jede Tasse oder jeden Teller ein Exemplar, dann zerkratzen sie nicht beim Stapeln. Um einen Trichter aus einem Kaffeefilter zu basteln, müssen Sie nur ein Loch unten reinschneiden, und so können Sie Mehl und Zucker leicht umfüllen.

# Kartoffeln

Nach den zwei Schlesischen Kriegen machte sich Friedrich II., genannt der Große, an den Wiederaufbau seines Landes. Er ließ Straßen bauen, Kanäle graben und befahl den Bauern, Kartoffeln anzubauen. Die wollten aber die aus Amerika stammende Frucht nicht. Wer aus Versehen die Beeren statt der Knollen aß, vergiftete sich an dem Nachtschattengewächs. Außerdem weigerten sich die Hunde, an die man üblicherweise Essensreste verfütterte, Kartoffeln zu fressen, und ein Bauer isst nichts, was selbst sein Hund verschmäht. Was sollte das also für eine Frucht sein? Doch der König von Preußen schickte seine Dragoner aus, um den Kartoffelbefehl durchzusetzen. Sein berühmtester Trick scheint aus einem modernen Marketingbuch zu stammen: Er ließ die genügsame Frucht auf sandigem Boden pflanzen und von Soldaten bewachen. Erst dann waren die Bauern überzeugt, dass die Kartoffeln wirklich wertvoll sein mussten.

Und das sind sie tatsächlich. Mit rohen Kartoffeln lassen sich Ölgemälde und Goldrahmen schonend reinigen, indem Sie das Bild mit der Schnittfläche einfach abreiben. Verschmierte Brillen und Windschutzscheiben klaren nach eine Kartoffelpolitur auf. Weiße Schuhe glänzen, wenn man sie vor der Behandlung mit Schuhcreme mit einer rohen Kartoffel abreibt. Kleine Verätzungen von

Säure auf Stahl werden durch Einreiben mit einer halben Kartoffel neutralisiert. Alter, bröseliger Tabak nimmt die Feuchtigkeit von benachbarten rohen Kartoffelschnitzen auf und schmeckt wieder. Wenn Sie einen Erdapfel in den Bauch eines Fisches klemmen, wird er aufrecht im Ofen von allen Seiten gegrillt. Und wenn die Kartoffel nicht zu groß ist, dann ist sie hinterher genauso durch wie der Fisch. Das sympathische Nachtschattengewächs lässt sich auch als Lockmittel für Silberfische verwenden. Von der Stärke angezogen, können Sie dic lästigen Tiere am nächsten Tag unter dem Kartoffelköder zusammenkehren, am besten im Dunkeln, sonst flüchten die Biester wieder. Außerdem hilft das Kalium der Knolle gegen große Poren und Hautunreinheiten. Dazu balancieren Sie dünne Kartoffelscheiben möglichst lange auf der Gesichtshaut oder tragen sie roh gestampft als Maske auf. Und – aber nicht weitersagen – man kann Unterschriften fälschen, denn eine frisch aufgeschnittene Kartoffel nimmt Tinte auf und kann als Stempel benutzt werden.

# Mehl

Gräser (Poaceae) sind die häufigste Pflanzenart und bedecken zwanzig Prozent der gesamten Landoberfläche der Erde. Als die Menschen herausfanden, dass man ihre Samen essen kann, wurden sie sesshaft. Man bleibt besser an Ort und Stelle, wo man sie ausgesät hat. Körner sind monatelang haltbar, um den Winter damit zu überstehen. Die Ägypter begannen schon 2000 Jahre vor Christus, Fladen zu backen, und wurden deshalb Brotesser genannt. Von ihnen übernahm das jüdische Volk die Bäckereikunst – deshalb ist in der Bibel so oft von Brot die Rede; es war eine neue Erfindung. Die Römer sahen den Nutzen des überall leicht herzustellenden Sauerteigfladens schnell ein, und auch die nomadisierenden Barbaren Mitteleuropas mussten sich zwischen Hungersnot und Sesshaftigkeit entscheiden. Gerste und Weizen dienten bis ins 15. Jahrhundert als Zahlungsmittel und als Gewichtseinheit: Ein Gerstenkorn war ein Gran, drei (oder vier Weizenkörner) ein Karat; eine Maßeinheit, die heute nur noch bei Edelmetallen und Diamanten verwendet wird.

In unseren Tagen wird das Getreide gering geschätzt, Mehl steht in den untersten Regalen des Supermarkts. Doch die weißen Flocken sind nicht nur für Kuchen da: Wolle, Felle und helles Leder lassen sich bestens mit Mehl reinigen. Einfach einpudern, bürsten und ausklopfen.

Das Mehl nimmt den Dreck mit, und die Wolle wird nicht strapaziert. Chrom wird nach einer Abreibung mit Mehl blitzblank, bei Stahl geben Sie zusätzlich Essig zum Mehl hinzu und bei Messing etwas Salz – dann strahlen auch diese Metalle wieder.

Weißes Gemüse wie Spargel oder Blumenkohl behält seine Farbe mit etwas Mehl im Kochwasser. Mit Mehl bestäubte Bratkartoffeln werden goldbraun, und Bratwürste platzen nicht, wenn sie kurz in siedendes Wasser getaucht und danach in Mehl gewälzt wurden. Fett spritzt nicht aus der Pfanne, wenn Sie eine Prise Mehl und Salz hineingeben. Avocados reifen schneller in einer Schüssel Mehl.

Wer im Garten frische Grassamen aussät, weiß oft nicht, wo er bereits gestreut hat. Haben Sie jedoch ein wenig Mehl unter die Samen gemischt, erkennen Sie sofort Ihre alte Spur. Risse im Holz lassen sich mit Mehl und passender Farbe – etwa Schuhcreme – kitten. Mit 400 Gramm Mehl, 200 Gramm Salz, drei Esslöffel Öl und ebenso viel Alaun (aus der Apotheke) kann man prima Knetgummi herstellen: Einfach mit einem halben Liter kochendem Wasser verrühren und nach Wunsch mit Lebensmittelfarbe, Rote-Bete-Saft, Kurkuma oder Heidelbeeren bunt färben.

Mit Mehl üben angehende Feuerspucker. Einen gehäuften Esslöffel in den Mund nehmen und auspusten. Das ergibt eine schöne Wolke, und sie brennt, wenn Sie gegen eine Fackel pusten. Für einen noch schöneren Effekt mischen Sie noch Bärlappsporen aus der Apotheke dazu, dann blitzt es im Mehlfeuer.

# Nagellack und Nagellackentferner

Israel verdankt seine Gründung dem Nagellackentferner. Denn die Briten brauchten im Zweiten Weltkrieg zum Entzünden ihrer Schießbaumwolle Aceton, also Nagellackentferner. Leider war ihre traditionelle Bezugsquelle, das Deutsche Reich, nicht mehr willens, diesen kriegswichtigen Stoff an die Feinde zu liefern. Ein junger Chemiker vergärte deshalb Mais-Maische und produzierte daraus Aceton. Als Dank für das Patent erhielt er die so genannte Balfour-Erklärung, die den Staat Israel garantierte. Der Chemiker hieß Chaim Weizmann und wurde erster Präsident des jungen Staates.

Das Aceton im Nagellackentferner beseitigt unterschiedliche hartnäckige Flecken: Alleskleber, Filzstift, Teer, Kaugummi im Haar und geschmolzenes Plastik auf Herd oder im Toaster. Auch aus Kleidern bekommen Sie böse Flecken wieder heraus, indem Sie Aceton einfach auf einen Wattebausch träufeln und damit den Fleck ausreiben. Allerdings sollte die Kleidung nicht aus Kunststoff und farbecht sein. Wenn Sie sich nicht sicher sind, testen Sie den Fleckenentferner erst an einer verdeckten Stelle.

Mit seinem Gegenpart, dem Nagellack, können Sie weitere Herausforderungen im Haushalt meistern. Tauchen Sie Schnürsenkel oder Nähfaden in farblosen Lack, dann lassen sich diese besser einfädeln – aber erst trocknen lassen! Schuhabsätze, Modeschmuck, Gürtelschnallen, Muscheln, Türschilder oder Pfennigabsätze bekommen keine Kratzer und glänzen wie neu, wenn man sie mit Nagellack einpinselt. Fahrradspeichen bleiben durch Nagellack von Rost verschont. Laufmaschen lassen sich ebenfalls mit diesem Wundermittel aufhalten. Und mit Nagellack versiegelte Briefe kann man nicht unter Wasserdampf öffnen.

Nagellack hält sich länger, wenn er im Kühlschrank lagert. Alter Lack wird im Wasserbad wieder flüssig. Nagellack trocknet schneller, wenn Sie nach dem Auftragen der Farbe die Hände in eiskaltes Wasser tauchen. Der Verschluss hingegen verklebt nicht, wenn man das Gewinde mit ein wenig Vaseline einschmiert.

# Öl

Homer bezeichnete Olivenöl als flüssiges Gold. Es galt als Medizin und als Symbol für Reichtum, Ruhm und Frieden. Der Olivenbaum war ein Heiligtum; wer bei den Griechen einen Olivenbaum fällte, wurde hingerichtet.

Olympiasieger und Könige wurden mit Ölbaumzweigen gekrönt, mit seinem Öl salbte man Kaiser und die Knochen von Heiligen, man ließ es in die Gräber von christlichen Märtyrern fließen und fand es als Beigabe in Tut Ench Amuns Grab. Die Römer bauten spezielle Schiffe, die ausschließlich dazu dienten, Olivenöl zu transportieren. Sonne, Steine, Stille, Einsamkeit und Trockenheit sind nach alter italienischer Olivenbauer-Tradition die Voraussetzungen für gutes Olivenöl wie die beste und teuerste Sorte *extra vergine.*

Für folgende Hausmittel können Sie ruhig billigeres Öl verwenden: Alte Schuhcreme und Senf werden durch Olivenöl wieder fit, und Lackschuhe brechen nicht so leicht, wenn man die Schuhe öfters mit Salatöl einreibt. Selbst schon vorhandene Risse werden dadurch wieder zusammengezogen. Das flüssige Fett ist gut für Holz: Speiseöl schließt Risse im spröden Holz, und polierte Möbel werden sauber, wenn man sie mit einem Brei aus Kartoffelmehl und Olivenöl abreibt. Auf Holz verklebtes Papier können Sie mit etwas Öl beträufeln und nach ein paar Minuten abreiben. Die Kalkschicht von Tontöpfen verschwindet, wenn Sie diese mit Öl abreiben. Auch Marmor glänzt dann wieder. Mit Speiseöl lässt sich Schminke perfekt entfernen, außerdem ist Oliven-, Avocado-, Weizenkeim- oder süßes Mandelöl ein ausgezeichnetes Pflegemittel. Einmassieren, dann Gurkenschalen auflegen, mit einem Tuch umwickeln – und nach einer halbe Stunde ziehen sich sogar Gesichtsfalten zurück. Brüchige Fingernägel leben wieder auf, wenn Sie diese regelmäßig in Olivenöl baden. Raue Hände oder verhornte Fußsohlen können Sie mit grobem Zucker peelen und anschließend mit Olivenöl verwöhnen, die Haut wird seidenweich wie ein Babypopo. Öl ist auch eine sehr gute Alternative zur üblichen Rasiercreme. Und wenn das Essen zu scharf war, erleichtert ein Schluck Öl den verbrannten Mund.

Übrigens, Olivenöl hält länger frisch, wenn man ein Stück Würfelzucker mit in die Flasche gibt.

# Petroleum

Es war der Schrecken jeder Marine, gefürchtet wie die Atombombe und brannte wie Napalm: Griechisches Feuer. Die erste chemische Waffe der Geschichte wurde von byzantinischen Kriegsschiffen, den Dromonen, mit schwenkbaren Flammenwerfern, den Siphonen, abgefeuert. Vom 5. bis zum 13. Jahrhundert war es die gefährlichste Waffe im Krieg, zweimal wurde damit fast die gesamte arabische Flotte vernichtet. Das Rezept kannten nur die Ostgriechen, und bis heute ist es nicht genau bekannt, aber sehr wahrscheinlich war das flüssige Feuer eine Mischung aus Harz, Schwefel, Salpeter und Naptha. Letzteres sprudelte am Kaspischen Meer und in Georgien aus dem Boden und wurde deshalb auch Steinöl oder Petroleum genannt, also Petra (der Stein) und Oleum (Öl).

Petroleum wird heutzutage hauptsächlich für Lampen und zum Reinigen benutzt. Schneeränder an Lederschuhen lassen sich genauso mit Petroleum entfernen wie auch Wasserflecke auf polierten Möbeln. Und Chrom strahlt wie neu, wenn es mit Petroleum eingerieben und dann mit einem weichen Tuch poliert wird. Stark verschmutzte Wäsche sollten Sie nicht direkt in die Waschmaschine geben. Weichen Sie den verschmierten Overall über Nacht mit einem Schuss Petroleum ein.

Alter Glaserkitt wird in wenigen Stunden wieder weich,

wenn Sie ihn mit Petroleum bestreichen oder ihn darin einweichen. Verrostete Topfböden oder Werkzeuge sollten Sie mit Petroleum einreiben und einige Tage stehen lassen.

Mit Petroleum und wenig Wasser können Sie prima Ihr Auto waschen. Tragen Sie auf einem weichen Tuch Petroleum auf und wischen Sie Ihr Gefährt damit ab. Den Lappen können Sie in einem Eimer auswringen und mit einem neuen Schuss Petroleum tränken. Trocken nachwischen, nicht spülen! So gibt es keine Sauerei in der Garage, die Karosserie wird wasserabstoßend und rostet daher nicht. Auch das Einwachsen kann man sich sparen.

Fliegen, Ratten und Maulwürfe mögen kein Petroleum. Tränken Sie einen Lappen mit dem Zeug und stopfen Sie ihn in ihre Löcher beziehungsweise in den freigelegten Maulwurfshügel. Oder geben Sie ein paar Tropfen ins Wischwasser, mit dem Sie die Ecken und Fenster putzen, in denen sich Fliegen sammeln.

Übrigens: Petroleum leuchtet in den Lampen intensiver, wenn man ein wenig Salz zugibt.

# Quark

Bereits in zweitausend Jahre alten hebräischen Texten wird beschrieben, dass Quark für den Besuch des Malers aufgehoben wurde, denn das Kasein im Quark eignet sich hervorragend als Bindemittel für Farben. Noch heute leuchten viele Wandmalereien in alten Schlössern dank dieser uralten Methode.

Und so stellen Sie Quarkfarbe selber her: Mischen Sie die fünffache Menge gelöschten Kalks (am besten Sumpfkalk) in den Magerquark, geben Sie so viel Leinöl dazu, dass sich beide Bestandteile verbinden, und rühren Sie anschließend die gewünschten Farbpigmente hinein. Verdünnen Sie die Farbe mit Wasser, bis diese die erforderliche Flüssigkeit erreicht hat. Jetzt können Sie anfangen zu malen, die Farbe hält sich etwa fünf Tage. Gips, Holz, Ziegel, Lehm, Leinwand, Pappe und Papier eignen sich als Untergrund, fettige und ölige Hintergründe jedoch nicht.

Quark und genauso Joghurt sind alt bewährte Hausmittel gegen entzündete Augenlider, Juckreiz, Schwellungen und Sonnenbrand. Tragen Sie Quark (oder Joghurt) auf, lassen Sie ihn auf der Haut trocknen – es kann ein wenig jucken – und waschen Sie danach den bröcklig gewordenen Belag ab. Bei trockener und schlaffer Haut rühren Sie etwas Honig unter den Quark und tragen ihn als Maske auf.

Gegen Bronchitis und Fieber hilft ein Quarkwickel. Dazu legen Sie ein Frottee- oder Geschirrtuch auf die Brust, streichen warmen bis heißen Quark fingerdick darauf, decken das Ganze mit einem zweiten Tuch ab und verschließen es mit Sicherheitsnadeln. Der Wickel lindert den Reizhusten und hat keinerlei Nebenwirkungen.

Gegen Pilzinfektionen im weiblichen Intimbereich tauchen Sie einen Tampon oder eine Slipeinlage in Quark (oder Joghurt) und benutzen sie wie üblich.

Bei Sodbrennen sollten Sie ebenfalls Milchprodukte zu sich nehmen – ausnahmsweise dürfen Sie den Quark diesmal essen.

Quark (oder Buttermilch) entfernt auch Obstflecken aus der Kleidung. Einfach bestreichen und in die Sonne legen. Quark hält sich übrigens länger, wenn Sie ihn mit dem Deckel zum Boden im Kühlschrank aufbewahren.

# Rasierschaum

Vor 25 000 Jahren, das belegen Höhlenmalereien, rasierten sich die Männer erstmals mit Muscheln und scharfkantigen Steinen. Seit den Ägyptern gilt der Bart als ein Zeichen politischer Überzeugung, und Vorschriften regelten, wer welche Bärte tragen durfte. Für Zeugen Jehovas und buddhistische Mönche besteht ein Bartverbot. Als Peter der Große den Kosaken befahl, ihre Bärte nach europäischem Vorbild zu stutzen, kam es zur Rebellion. Koteletten galten im Preußen des 19. Jahrhunderts als Ausdruck demokratischer Gesinnung und wurden von Kaiser Wilhelm II. verboten. Postbeamte und Referendare mussten sich glatt rasieren. Soldaten, die in Alaska stationiert waren und einen Bart trugen, hatten oft unter Unterkühlung der Gesichtshaut zu leiden. Die eng anliegenden Barthaare fingen kalte Luft ein und vereisten. Heute gibt es ein Bartverbot bei im Norden stationierten Streitkräften.

Auch heute dürfen in der Türkei Militärs keinen Schnurrbart, Studenten keinen Vollbart tragen, das gilt als Zeichen für islamistische Überzeugung, sozusagen das Kopftuch der Männer. Rechtsradikale Türken lassen einen feinen Bartstrich auf der Oberlippe stehen, und anarchistische Türken lassen ihre Schnurrbärte über die Oberlippe wuchern. Oppositionelle Iraner tragen so wenig Bart wie möglich, um sich von den haarigen Fundamentalisten abzugrenzen. Die Revolutionäre um Fidel Castro wurden die Bärtigen genannt, und struppige deutsche Pfarrer führten das Volk an beim Fall der Berliner Mauer.

Doch auch überzeugte Vollbartträger sollten Rasierschaum zu Hause haben. Denn der Sprühschaum bringt quietschende Türen zum Verstummen, wenn man die Scharniere damit einseift. Rasiercreme ist ein perfekter Fleckenteufel für Teppiche, Polster, Wolle, dreckige Hände und empfindliche Stoffe, die eigentlich in die Reinigung gehören. Schmutzige Bürsten und Kämme werden schnell sauber, wenn man sie mit Rasierschaum einsprüht. Den Schaum lässt man einige Minuten einwirken und spült ihn dann aus. Wer beim Baden im Meer mit Feuerquallen in Berührung kommt, sollte die Haut mit Essig oder einfach mit Meerwasser übergießen und anschließend die an der Haut haftenden Tentakelreste mit Rasierschaum und einer Kreditkarte abstreifen.

Um die Inschriften alter Grabsteine zu lesen, streifen Genealogen Rasierschaum mit steifer Pappe von oben nach unten über den Stein. Dann wischen sie vorsichtig mit einem Schwamm darüber, sodass nur in den eingravierten Lettern noch weißer Schaum übrig bleibt. Jetzt kann man die verwitterten Buchstaben entziffern.

Papier kann man mit Hilfe von Rasierschaum marmorieren. Sprühen Sie eine Pfanne mit Rasiercreme aus. Tropfen Sie Tinte hinein, am besten Stempeltinte, gern in verschiedenen Farben. Mit einem Zahnstocher können

Sie nun Muster in den Schaum ziehen. Legen Sie ein Blatt festeres Papier (100 g/$m^2$ oder mehr) in die Pfanne und drücken Sie es sanft auf den Tintenschaum: Sie haben soeben individuell gemustertes Papier hergestellt. Lassen Sie es trocknen und fixieren Sie Ihr Werk eventuell mit Haarspray.

# Reis

Es war einmal ein wunderschönes Mädchen in Indien, das hieß Retna Dumila. Eines Tages kam Gott Shiva zu ihr und erklärte ihr seine Liebe. Da sprach das Mädchen: »Finde mir eine Speise, die jedermann jederzeit essen kann, ohne jemals Widerwillen dagegen zu empfinden.« Shiva machte sich auf die Suche. Es dauerte Monate, Jahre und Jahrzehnte. Während für einen Gott die Zeit nichts ist, wurde Retna Dumila älter und älter, bis sie schließlich starb und beerdigt wurde. Auf ihrem Grab wuchs eine schlanke Pflanze, die mit ihren wohlschmeckenden Körnern die Welt erobern sollte. Die Inder nannten sie *vrihi*, im Altiranischen wurde daraus *brizi*, im Griechischen *oryza* und im Lateinischen schließlich *arisa*.

Reis ist die älteste Kulturpflanze der Geschichte. Wo sie vor 7000 bis 10 000 Jahren zum ersten Mal angepflanzt wurde, darüber streiten sich Chinesen, Japaner, Inder, Thailänder und Koreaner. Reis ist das wichtigste Grundnahrungsmittel der Welt. Dass Hungersnöte in Asien selten geworden sind, verdanken wir der grünen Revolution; heute sind Reispflanzen viel produktiver als vor hundert Jahren.

Eiswürfel sind gut gegen Schmerzen und bei Verletzungen. Aber sie tropfen! Ungekochter Reis aus dem Tiefkühlfach hat denselben kühlenden Effekt, aber hinterlässt keine Wasserspuren. Sie brauchen trockene Wärme? Füllen Sie eine Socke mit Reis, natürlich ebenfalls ungekocht, und legen Sie sie für eine halbe Minute in die Mikrowelle. So erhalten Sie einen Wärmebeutel.

Die Stängel verstaubter Seidenblumen werden wieder sauber, wenn Sie sie in einen mit Reis gefüllten Plastikbeutel stecken. Schütteln Sie jetzt kräftig, und der Reis wird die Stiele säubern, die Blumenköpfe bleiben geschont. In Thermoskannen und enge Vasen lässt sich keine Bürste zwängen. Um sie dennoch hin und wieder mal zu reinigen, schütten Sie Reis hinein, füllen Sie sie mit warmem Wasser, und die Körner werden dort kratzen, wo Sie sonst nicht hinkommen. Und, natürlich, ein paar Reiskörner im Salzfass verhindern das Klumpen.

# Salz

Timbuktu – in keinem anderen Wort hallt die Fremde deutlicher nach. Den Zauber dieser fliegenverseuchten Kleinstadt mit den bröckelnden Lehmbauten unter der lähmenden Hitze kann nur derjenige wirklich erleben, der Timbuktu, diesen ersten Ort am Rande der Wüste, von Norden her nach wochenlanger Einsamkeit erreicht. Noch heute, wie seit über tausend Jahren, treffen im Winter Karawanen von den 900 Kilometer entfernten Salzfeldern ein, und wie eh und je sind die Kamele mit hart gebackenen Salzplatten beladen, entstanden, als die Sahara noch ein Meer war. Einst wurde das Salz mit Gold aufgewogen, auch in Europa war Salz so kostbar, dass es Unglück bedeutete, wenn man es versehentlich verschüttete. Heute verlangen die Händler auf dem Basar von Timbuktu nur noch wenige Cent dafür.

Strumpfhosen sollten Sie vor dem ersten Tragen ein paar Stunden in warmem Salzwasser baden, dann kalt ausspülen – so halten sie länger. Und mit etwas Shampoo unterstützen Sie den Effekt nochmals. Neue Besen werden haltbarer, wenn man sie in kochendes Salzwasser taucht. Füllen Sie eine Vase mit Salz, dann haben Kunstblumen einen festen Halt. Mit einer Prise Salz im Pulver schmeckt der Kaffee besser. Ein paar Löffel Salz im Waschpulver verhindern das Ausbleichen von Buntwäsche. Eine Messerspitze Salz auf der Zunge zergehen lassen, und der Schluckauf stoppt diesmal wirklich. Kerzen brennen länger, wenn Sie etwas Salz um den Docht streuen. Wärmflaschen bleiben länger heiß, wenn Sie einen Teelöffel Salz hineinschütten. Angeklebte Reste von warmen Ofenblechen lassen sich mit Papier und Salz abkratzen, hinterher am besten mit Speiseöl einreiben. Korbwaren halten länger und sehen wie neu aus, wenn man sie mit warmem Salzwasser abbürstet. Mit Salzwasser durch die Nase zu »gurgeln« hilft gegen Schnupfen und ist gesünder als Nasenspray.

Die schnellste Art, Sekt und Champagner zu kühlen, ist ein Bad aus gleich viel Wasser und Eiswürfeln mit ein paar Teelöffel Salz. Wenn die Flasche ganz bedeckt ist, dauert es nur zehn Minuten.

Übrigens, Wasser erst salzen, wenn es kocht. Denn Salz greift sonst die Topfböden an. Außerdem braucht Salzwasser länger, bis es siedet.

# Soda

Bei den Sumerern und im alten Ägypten wurden Meer- und Strandpflanzen verbrannt, um mit deren sodahaltiger Asche Wäsche zu waschen. Später wurde Soda unentbehrlich für die Glas- und Papierproduktion. König Ludwig XVI. von Frankreich setzte 1783 einen Preis für eine Methode aus, um Soda einfach und billig zu erzeugen, um von der britischen Pottasche unabhängig zu werden, eines der Hauptexportgüter aus den Kolonien. Nicolas Leblanc entwickelte das nach ihm benannte Verfahren 1791. Leider zwei Jahre zu spät, denn Ludwig XVI. war bereits unter der Guillotine gelandet, ebenso Leblancs adliger Geldgeber. Leblanc wurde wie alle Mitglieder der Akademie der Wissenschaften gefeuert, seine Sodafabrik verstaatlicht. Erst 1801 konnte er wieder anfangen. Doch da hatte sich bereits die Konkurrenz seiner Methode bemächtigt, ohne Entschädigung und Aussicht auf Erfolg erschoss sich am 6. Januar 1806 der Gründungsvater der chemischen Industrie und einer der größten Chemiker des 18. Jahrhunderts.

Das wasserlösliche Salz macht den Abfluss klar, beseitigt dort und auch im Katzenklo unangenehme Gerüche. Legen Sie ein Stück Soda hinein und schütten Sie heißes Wasser darüber. Man kann auch unlackiertes Holz, Regale, Kochlöffel und Schneidebretter damit abwischen, was wesentlich gründlicher und hygienischer als einfach nur heißes Wasser ist. Natriumcarbonat befreit Blumentöpfe von Kalkresten, erlöst Kinderplanschbecken von hässlichen Grünalgen und macht Ameisenstraßen den Garaus. $Na_2CO_3$ in kaltem Wasser wäscht Blutflecken aus der Kleidung und eignet sich zudem für das Einweichen verschmutzter Wäsche. Auch zum Aufhellen weißer Wäsche kann man das Pulver verwenden.

Der Name Sodawasser für Mineralwasser ist etwas irreführend, denn es bezeichnet eine Methode, Sprudel zu erzeugen. Eine Sodalösung perlt beim Ansäuern Kohlendioxid aus. Dieses ausperlende Kohlendioxid kann man in Wasser einleiten, um »Sodawasser« herzustellen.

In einem Sodawasserbad werden Juwelen über Nacht wieder strahlend schön. Flecken in Wolle, Teppichen und auf Polsterbezügen lassen sich mit dem Sprudelwasser leichter entfernen. Angebrannte Speisen in der noch warmen Eisenpfanne und Flecken auf Stahl lassen sich mit Selters entfernen. Die Mineralstoffe im Mineralwasser sind auch ein guter Dünger für Topfpflanzen.

# Stahlwolle

Wilhelm Reich war 14 Jahre alt, als er versehentlich seinem Vater verriet, dass seine Mutter eine Affäre hatte. Daraufhin brachte sich Reich senior um, und der kleine Wilhelm erfuhr auf dramatische Weise, wie wichtig Sex ist. Er suchte sein ganzes Leben lang nach Vaterfiguren, fand sie in Sigmund Freud und der Kommunistischen Partei. Mit beiden Institutionen überwarf er sich irgendwann und suchte jene geheimnisvolle Energie, die seinen Vater umgebracht hatte. Die Libido, so glaubte er, ist eine Art Strahlenäther in der Atmosphäre, in allen Lebewesen und am Himmel vorhanden. Er nannte die Kraft Orgon. Denn der Orgasmus, so seine Theorie, sei die Urquelle jener Kraft, die uns am Leben erhält, und wer das nicht wahrhaben will, verpanzert zu einer totalitären und narzistischen Persönlichkeit. Aber zum Glück gibt es ja den Orgonakkumulator, mit dem sich die himmlische Energie einfangen lässt. Der Orgonakkumulator ist eine simple Holzkiste, groß genug für einen Menschen, die innen mit Blech, Aluminiumfolie oder Stahlwolle ausgeschlagen ist. Sie leitet die Orgonenergie an den darin Sitzenden weiter und schützt ihn so vor atomarer Strahlung, Liebesunfähigkeit und Stalinismus.

Nicht ganz so esoterisch sind folgende Haushaltstipps mit Stahlwolle:

Das gerade gebohrte Loch ist zu groß? Füllen Sie es mit Stahlwolle, dann halten Dübel, Schrauben, Nägel in Mauerwerk und Holz.

Stahlwolle in einer Socke ergibt ein prima Nadelkissen. Etwas Stahlwolle im Abfluss der Badewanne fängt Haare auf, wenn Sie sich selbst, einen Hund oder fusselige Pullover waschen. Mäuse und Ratten dringen nicht ins Haus, wenn Sie Zugangslöcher wie Abflüsse und Mauerritzen mit Stahlwolle stopfen. Mit Stahlwolle lässt sich Wurzelgemüse schrubben.

Bartalgen im Aquarium sind eine Folge von zu viel Phosphat im Wasser. Hängen Sie ein Netz mit Stahlwolle ins Becken, dann nimmt das Eisen das Phosphat auf – es rostet –, und nach zwei, drei Tagen können Sie Stahlwolle und Phosphat herausnehmen.

Mit Tee und Stahlwolle lässt sich helles Holz färben: Legen Sie Stahlwolle in ein Marmeladeglas und füllen Sie es mit Haushaltsessig. Am nächsten Tag gießen Sie die Mischung durch ein Haarsieb (oder eine Feinstrumpfhose), damit kein Stahlwollfädchen im Färbemittel bleibt. Kochen Sie nun schwarzen Tee und lassen Sie ihn zwei Stunden ziehen, bevor Sie die Blätter abseien. Den Tee tragen Sie dann auf das Holz auf, etwa mit einer Zahnbürste oder einem feinen Tuch. Tragen Sie hinterher die oben beschriebene Stahlwollsuppe auf, und das Holz wird sich verdunkeln. Mit Wachs oder Öl können Sie dann das Holz versiegeln.

Allein in der Wildnis, mit nichts als einer Taschenlampe und zufällig etwas Stahlwolle? Binden Sie einen Faden aus der Stahlwolle an den einen Pol der Taschenlampenbatterie, und verbinden Sie die Stahlwolle mit einem isolierten Draht mit dem anderen Pol, dann fängt die Wolle an zu glühen. Mit ein paar Holzspänen können Sie jetzt ein Lagerfeuer entfachen.

# Streichhölzer

Wer die Ehre hatte, das Streichholz zu erfinden, ist umstritten: Die Ungarn sagen, es sei János Irinyi gewesen, die Franzosen führen Jean-Louis Chancel auf (1805), die Briten glauben, ein gewisser John Walker habe es 1827 erfunden, und ein geschickter Samuel Jones hat es sich 1832 unter dem Namen Lucifer patentieren lassen. In Wahrheit aber, das glauben wir felsenfest, hat der Ludwigsburger Chemiestudent Jacob Friedrich Kammerer zuerst ein Schwefelhölzchen entflammt. Erstaunlicherweise gab es zu dieser Zeit bereits Feuerzeuge. Die ersten Streichhölzer brannten nicht so leicht, erst als sie mit weißem Phosphor hergestellt wurden, zündeten sie besser, waren aber mordsgefährlich. Gustav Erik Pasch, diesmal ein Schwede, erfand das bis heute übliche Sicherheitszündholz und wurde damit Multimillionär. Im Gegensatz zum Zündholz aus dem Western lässt es sich nur an der speziellen Reibfläche der Schachtel in Brand setzen.

So ein Zündholz in Blumenerde gesteckt versorgt Pflanzen mit notwendigen Mineralien, stärkt deren Abwehrkräfte und vertreibt ungebetene Insekten. Wenn Sie eine Streichholzschachtel in der Toilette bereitstellen, können Ihre Gäste daraus ein Hölzchen anzünden, und peinliche Biogase lösen sich in Luft auf. Mit einem Zündholz zwischen den Lippen müssen Sie beim Zwiebelschneiden nicht weinen. Flüssiges rinnt schneller durch den Trichter, wenn Sie zwischen Flaschenhals und Trichter ein Streichholz klemmen, dann kann die Luft schneller entweichen. Wenn Sie das Feuerholz in Wachs tauchen, ist es wasserdicht und lässt sich auch im Regen entzünden.

Ach ja, Sie können auch herrlichen Unsinn mit den Schwefelhölzern anstellen, beispielsweise eine Zimmerrakete bauen: Schneiden Sie ein gleichschenkliges Dreieck Alufolie aus, etwa drei mal drei mal sechs Zentimeter groß. Wickeln Sie es straff um ein Zündholz plus angelegte Stecknadel. Die Folie sollte einen Kragen fünf Millimeter unter dem Zündkopf bilden. Wenn die Folie komplett um den Zündkopf gewickelt ist, das überstehende Stück Folie über die Stecknadel falten. Die Nadel darf die Folie nicht durchpieksen. Folie mit den Fingernägeln anpressen und Nadel herausziehen, so entsteht parallel zum Streichholz eine Düse. Biegen Sie eine Büroklammer zu einer Startrampe, in die Sie das Streichholz schräg aufstellen können. Nun entzünden Sie ein zweites Streichholz und halten es direkt unter den mit Aluminium umwickelten Zündkopf. Innerhalb weniger Augenblicke wird die Mini-Rakete loszischen – bis zu drei Meter!

# Tennisbälle

Bereits im 13. Jahrhundert hörte man das uns heute so vertraute Plopp-plopp in französischen Klöstern. Damals wurde Cache noch mit der Hand gespielt. Gegen den harten Aufprall der Kork- und Lederbälle trugen die Mönche Handschuhe, erst 1495 benutzte man Schläger. Da die Bälle nicht richtig hüpften, bedeckte man die Böden mit elastischem Belag, der so empfindlich war, dass er nur im geschützten Inneren ausgelegt wurde. Dort war es allerdings zu dunkel, weshalb die Spieler weiße Kleider trugen, um sich gegenseitig zu erkennen. So entstand der weiße Sport.

Heute springen die Bälle auf jedem Untergrund, aber eigentlich sind sie viel zu schade, um sie nur mit Karacho über das Feld zu jagen. Denn mit den modernen Hohlgummibällen kann man zum Beispiel Daunen in Jacken, Betten und Kissen vor dem Verklumpen retten. Wenn man sie in handwarmes Seifenwasser taucht und anschließend zusammen mit einem Tennisball in den Trockner gibt, bleiben die Daunen flockig.

Oder Sie können mit makellos weißen Tennisbällen schwarze Flecken vom Boden oder den Wänden rubbeln.

Stopfen Sie doch mal zwei der 57 Gramm schweren Wurfgeschosse in eine alte Socke und legen Sie sich mit dem Rücken darauf. Nun rollen Sie Ihre Wirbelsäule darüber hinweg – eine einfache und wohltuende Rückenmassage, wenn man keinen Masseur hat.

Die harten und gleichzeitig elastischen Kugeln eignen sich auch hervorragend als Türstopper, als Puffer in engen Garagen oder zum Arretieren geöffneter Fenster. Als Aufsatz an den Enden von spitzen Gegenständen, beispielsweise aufklappbaren Garderoben und Dingen, an denen sich ein Kleinkind verletzen könnte, leisten die Filzbälle ebenfalls ihre Dienste. Heimwerker stecken Meißel und scharfe Messer in alte Tennisbälle. So bleiben sie scharf und sind sicher aufgehoben. Um keine Schrammen im Boden zu hinterlassen, können schwere Möbel auf Tennisbällen gerollt werden. Zerbrochene Glühbirnen lassen sich mit den gelben Kugeln aus der Fassung drehen. Aufgeschnitten dienen halbe Tennisbälle als Aufsatz für den Schlagbohrer, wenn Sie nämlich senkrecht bohren, verfängt sich der Staub darin. Über einen Hammer gestülpt dämpfen sie Schläge auf empfindliches Holz. Oder Sie höhlen das Innere etwas aus und stopfen Stahlwolle herein, sie verfängt sich mit der Füllmenge. Dann lässt sich damit verletzungsfrei schleifen, denn so ein Tennisball liegt gut in der Hand.

Und mit einem halben Tennisball lassen sich alte Autos knacken. Setzen Sie einen Ball auf das Türschloss und schlagen Sie mit einem Hammer darauf. Durch den Luftdruck springt die erste Generation der Zentralverriegelung auf.

# Vaseline

Die Feuchtigkeit spendende Salbe ist ein Abfallprodukt der Erdöldestillation und wird seit 1871 von der Firma Chesebrough in Pennsylvania hergestellt. Der Kunstname ist vermutlich eine Verschmelzung des deutschen Wortes Wasser und des griechischen Elaion, Öl. Inzwischen ist der Markenname Vaseline die allgemeine Bezeichnung für das Weißöl mit den verschiedenen praktischen Anwendungen in Industrie und Haushalt.

Duschvorhänge, Backbleche und Türen gleiten besser, wenn man sie – oder die Scharniere – mit Vaseline einreibt. Polieren Sie die Cerankochfläche mit dem Erdölwassergemisch, dann bleibt Fett und Verbranntes nicht haften, und das Putzen macht nur halb so viel Arbeit. Diesen Effekt können Sie auch bei Malerarbeiten nutzen. Vor dem Streichen cremen Sie sich die Hände mit der weißen Paste ein, und hinterher lassen sich die Farbkleckse einfach mit einem Haushaltstuch abwischen. Gartenschläuche überstehen die Witterung besser, und Gummibäume sowie andere Topfpflanzen glänzen nach einer Abreibung mit Vaseline. Aufgeschnittene Zierfrüchte, etwa Kürbis an Halloween, halten sich länger frisch, wenn man sie mit Vaseline behandelt. Auch kleine Kratzer im Holz verschwinden wieder nach einer Kur mit dem Wundermittel. Geben Sie Ihrer Katze einen Tupfer Vaseline auf die Nase. Sie wird es abschlecken, die Vaseline sammelt verschluckte Haare im Magen, und die lästigen Haarknoten werden ausgeschieden. Ameisen können nicht über Vaseline klettern; schmieren Sie deshalb ein wenig auf zu schützende Stellen. Cremen Sie die Augenbrauen von Kleinkindern mit Vaseline ein, dann rinnt das Shampoo nicht in die Augen. Eingefettete Haut hält Parfümdüfte länger als trockene. Deshalb reiben Sie eine dünne Vaseline-Schicht in die Haut ein, bevor Sie Parfüm auftragen. Sie werden für Stunden angenehm riechen.

Und so stellen Sie sich eine eigene Duftsalbe her: Vaseline in einem Wasserbad erhitzen und so viele Blüten (Lavendel, Rosen, Kamille, ganz egal) wie möglich einrühren und eine Stunde köcheln lassen. Dann abkühlen, die Blüten abseihen und auspressen und in eine Cremedose verschließen.

Übrigens: Vaseline beschädigt das Gummi von Kondomen. Verwenden Sie stattdessen Gleitmittel auf Wasserbasis (der Apotheker weiß Bescheid).

# Wachs

In der Renaissance kaschierten Bildhauer kleine Fehler in ihren Marmorstatuen mit Wachs. Fehlerlose Stücke wurden als »sin cera« bezeichnet, ohne Wachs. Aus diesem Ausdruck entwickelte sich das Wort »sincerly«, das übliche Abschiedswort in englischen Briefen.

Heute begegnen wir Wachs hauptsächlich in Kerzenform. Streuen Sie eine Prise Salz um den Docht, dann brennen sie länger. Dies tun sie auch, wenn Sie die Kerzen zwei Stunden in Salzwasser legen und danach an der Luft trocknen. Lagern Sie Kerzen vor dem Anzünden einige Stunden im Gefrierfach, dann halten sie länger und tropfen weniger.

Kommt es doch zu einem kleinen Malheur, weichen Sie die Wachsflecken auf Holz mit einem Fön auf. Es gibt ein altes Hausrezept, Wachsflecken mit Löschpapier oder Frotteetücher auszubügeln. Das sollten Sie nur bei reiner Baumwolle und weißen Wachsflecken versuchen. Besser ist es, einen Eiswürfelbeutel kräftig gegen das ausgelaufene Wachs zu pressen oder die Kleidung ins Gefrierfach zu legen. Das harte Wachs lässt sich dann brechen oder mit einem Messer abheben. Die letzten Spuren mit Waschbenzin abtupfen. Auch aus Kerzenständern lassen sich Wachsreste gefroren leichter rauspulen.

Die abgebrannten Stummel nicht wegwerfen, sie sind vielseitig verwendbar. Taucht man zum Beispiel die Enden ausgefranster Schnürsenkel in flüssiges Kerzenwachs, lassen sie sich leichter einfädeln. Undichte Vasen können mit flüssigem Wachs abgedichtet werden: mit dem Finger – wenn möglich im Inneren – kalfatern. Klemmende Holzschubladen, Autoantennen, sperrige Schlüssel und holprige Reißverschlüsse mit Wachs einreiben, und sie laufen wieder wie geschmiert. Auch Bügeleisen werden wieder glatt, wenn sie mit Wachs poliert werden. Und Nägel lassen sich leichter einschlagen, wenn man sie vorher mit Wachs einreibt, dann springt das Holz auch nicht. Schnee klebt nicht an der Schneeschaufel, wenn sie mit einer Wachsschicht überzogen wird. Einfach Kerzenstummel in einem Töpfchen flüssig werden lassen und die Schaufel mit dem Wachs einpinseln.

# Zahnpasta

Die Historie der Zahnpasta liegt im Dunkel der Geschichte. Mal heißt es, die alten Ägypter hätten sich mit einer Mischung aus Ochsenhufen, Eierschalen und Bimsstein die Zähne geputzt; die Perser hätten außerdem noch verbrannte Schneckenhäuser beigegeben. Mal heißt es, es wären die Chinesen gewesen, und nach einer anderen Quelle waren es Goldgräber, die sich mit Säure, die sie sonst zum Auswaschen des Minerals benutzten, den Mund spülten. Bald stellten sie jedoch fest, dass sie sich damit nur das Gebiss ruinierten.

Wie auch immer, mit dem feinen Poliermittel lassen sich kleine Kratzer im Glas ausreiben, und Wasserränder auf Holz verschwinden, wenn Sie diese mit Zahnpasta und einem Tuch polieren. Die weiße Creme überdeckt Flecken in Raufasertapeten, weißem Lack und Schrammen in silbernen oder weißen Schuhen. Die Schlämmkreide in der Paste reinigt Silber, die Sohle von Bügeleisen, Fliesen und Chrom. Auch ein Sprung in der CD verschwindet wieder, wenn man ihn mit Zahnpasta behandelt (siehe dazu auch »Wie bringt man CDs mit Sprung wieder zum Laufen?« auf Seite 104).

Mit Zahnpasta kann man außerdem lockere Nägel festmachen. Schmieren Sie in zu große Wandlöcher ein wenig davon hinein, und die gehärtete Creme hält den Nagel bombenfest. Wenn nach dem Kochen die Hände nach Zwiebeln und Fett riechen und normale Seife versagt, probieren Sie es mal mit Zahnpasta. Und Generationen von pubertierenden Jugendlichen schwören auf die Heilkraft von Colgate & Co. und tupfen sie sich auf lästige Pickel. Die Creme soll auch gegen kleine Verbrennungen helfen.

# Zahnseide

In den Zähnen unseres Vorfahren, des Homo erectus, fanden Forscher merkwürdige, genau zwei Millimeter breite Rillen eingekerbt. Woher kommen sie? Wie entstanden sie? Die Antwort auf diese Frage zeigt gleichzeitig, wie Wissenschaft funktioniert. Die Amerikanerin Leslea Hlusko grübelte lange über das Problem und dachte sich eine Hypothese aus: Benutzten die vor 1,8 Millionen Jahren lebenden Frühmenschen vielleicht Grashalme als Zahnseide? Frau Hlusko rubbelte zum Beweis acht Stunden mit einem Grashalm über einen Pavianzahn, und drei Stunden rieb sie auf die gleiche Weise einen Menschenzahn. Und siehe, ihre Rillen glichen unter dem Elektronenmikroskop haargenau denen aus der Vorzeit. Damit wäre Zähneputzen die älteste menschliche Kulturtechnik.

Bisher wusste man nur, dass die Menschen der Bronzezeit vermutlich auf Hölzchen herumkauten, wie es noch heute in Afrika üblich ist. In der Neuzeit reinigte man sich mit Pastillen, Schwämmen oder Federkielen die Zähne. Die in China erfundene Zahnbürste wurde erst 1938 für den amerikanischen Markt kopiert. In den letzten Jahrzehnten drängen die Dentisten jedoch darauf, sich zusätzlich mit Zahnseide zu pflegen. Sie ist weitaus stabiler als ein Grashalm und außerdem ein schlichtes, robustes Multifunktionswerkzeug.

Zum Beispiel lösen sich angebrannte Plätzchen vom Blech, wenn man eine Zahnseidenschlaufe um sie herum legt und wegzieht. Selbst klebriger Teig lässt sich auf diese Art von der Unterlage lösen. Messen Sie fünfzig Zentimeter Zahnseide ab, wickeln Sie die beiden Enden um die Zeigefinger und ziehen Sie die Schlaufe unter dem Pizzaboden hindurch. Mit demselben Trick lassen sich auch

Fotos aus dem Album lösen. Käse, hart gekochte Eier, Champignons und Käsekuchen lassen sich mit Zahnseide teilen. Um Torten in gleich große Stücke zu teilen, markieren Sie den Schnitt doch einfach mit Zahnseide, bevor Sie das Messer ansetzen. Beine von Geflügel bindet man sowieso mit dem Hygieneartikel zusammen, aber wussten Sie auch, dass Zahnseide einen starken Nähfaden abgibt? Wenn der Knopf des Mantels, der Sicherheitsgürtel im Kindersitz, die Sohle des Ballettschuhs, das Trampolin, der Regenschirm immer reißen? Der gewachste Faden ist zudem wasserfest und deshalb der beste Zwirn für Badeanzüge. Aus Zahnseide lassen sich Halsketten fertigen, Luftballons werden abgebunden, sie dient als Angel- oder Drachenschnur, um Weihnachtsschmuck aufzuhängen, oder Sie binden Kletterpflanzen damit ans Spalier. Flötenspieler reinigen mit dem feinen Zwirn ihr Instrument, und um vertrackte Winkel feiner Schnitzereien zu putzen, binden Sie doch das Staubtuch mit Zahnseide zusammen, dann gelangen Sie in die kleinsten Kerben.

Auch im Gefängnis ist Zahnseide sehr beliebt, denn sie ist so reißfest, dass sich damit Seile knüpfen lassen, mit denen man entfliehen kann …

# Zwiebeln

»Die Hausmutter schneidet in der Christnacht eine Zwiebel entzwei und löst aus jeder Hälfte je sechs Schalen – innen angefangen – sorgfältig ab, stellt sie alle der Reihe nach auf ein Brettchen, wobei jede Schale je einen Monat bedeutet. Nun bringt man auf jede Schale ein kleines Häufchen Salz – am besten geweihtes Heilige-Dreikönigs-Salz. Je nachdem wie bis zum nächsten Morgen das Salz zergangen ist, wird der betreffende Monat nass oder trocken sein.« So beschreibt Karl Reiser in »Sagen des Allgäus« 1875 das Zwiebelorakel.

Im Kemptener Volksglauben heißt es, Zwiebeln dürfen nicht bei abnehmendem Mond gepflanzt werden; wenige hundert Kilometer entfernt, in Ingolstadt, meinte man, keinesfalls bei Vollmond.

In Unterfranken glaubte man: »Beim Zwiebelsetzen soll man ärgerlich sein. Deshalb nehmen manche Mütter ihre Kinder mit in den Garten und tragen ihnen auf, sie heftig zu ärgern.«

In einer alten bayrischen Sage heißt es: Man versuchte einmal, ein Waldweibchen zu fangen. Waldweibchen – das waren jene geheimnisvollen Wesen, die so viel über die Kräuter und ihre Wirkkräfte wussten. Das von Furcht befallene Männchen rief seinem Weibchen noch zu: »Sarerl, wennst ois sagst, so sag fei nur das net, wofür Rosshaar und Zwiebelschalen gut sind.« Das Weibchen verriet auch tatsächlich keine Silbe, und so wissen wir es bis heute noch nicht.

Das Allicin in Zwiebeln und Knoblauch ist für die Tränen verantwortlich, die man beim Schneiden vergießt (siehe dazu auch »Den Zwiebeln keine Träne«, Seite 52). Dieses Allicin ist ein desinfizierender Wirkstoff ähnlich wie Penicillin, aber zehnmal schwächer, deshalb auch für Menschen mit Penicillin-Allergie geeignet und ein alt bewährtes Heilmittel. Übergießen Sie eine halbe, geschälte Zwiebel mit kochendem Wasser, lassen Sie das Gebräu zehn Minuten ziehen und trinken Sie davon eine Tasse, gerne mit braunem Zucker oder Honig versüßt. Oder Sie höhlen eine Zwiebel aus, füllen sie mit Kandiszucker und lassen sie über Nacht in einem hohen Glas eingepfercht stehen. Der heraus getropfte Hustensaft schmeckt sogar Kindern.

Gegen Ohrenschmerzen helfen rohe Zwiebelringe, die in ein trockenes Tuch um das Ohr gepresst werden. Die Zwiebel wird warm und zerfällt. Das ist zwar unangenehm und stinkt, hilft aber.

Bei Entzündungen, Hämorriden und Abszessen hacken Sie einige Zwiebeln klein und rühren sie mit etwas Wasser zu einem Brei an. Diesen tragen Sie auf die Wunden auf.

Bei Insektenstichen können Sie eine Zwiebel halbieren und auf die schmerzende Stelle pressen. Dies zieht den Schmerz und desinfiziert.

Brüchige Finger- und Zehennägel werden stark und

glänzend, wenn man sie täglich mit Zwiebelmus bestreicht. Fleckig gewordene Lederschuhe bekommen durch Einreiben mit einer Zwiebel wieder Glanz – Sie sollten sie mit einem weichen Tuch nachpolieren.

Holzwürmer bohren sich durch Ihr Erbstück? Reiben Sie zwei Wochen lang die befallenen Holzteile mit halbierten Zwiebeln ein. Dann verziehen sich die heimtückischen Würmer.

Fliegen vertreibt man, wenn man gehackte Zwiebeln kocht und mit der erkalteten Brühe die Scheiben abwischt.

Übrigens: Zwiebeln keimen nicht, wenn trockene Brötchen mit im Vorratsbehälter liegen.

# Wussten Sie schon, …

… dass **Weihnachtsgebäck** nicht hart wird, wenn man es mit einer angeschnittenen Möhre in eine Keksdose gibt?

… dass man immer **flussabwärts** gehen soll, wenn man sich im Urwald verlaufen hat? Man kommt dann immer an einen größeren Fluss und irgendwann an einen bewohnten Ort.

… dass **Brot** länger frisch bleibt, wenn man es im Plastikbeutel im Kühlschrank aufhebt? Und mit einem Stückchen Sellerie daneben hält es noch länger.

… dass **ausgetrocknetes Brot** wieder frisch wird, wenn man es 24 Stunden lang in einem feuchten Tuch eingeschlagen in den Kühlschrank legt? Danach das Tuch entfernen und das Brot einige Minuten im vorgeheizten Ofen aufbacken.

… dass man **Spinnenweben** in der Wohnung immer in einer Aufwärtsbewegung entfernen muss? Nach unten gefegt bleiben sie an der Wand kleben.

… dass **Fensterscheiben**, mit einer Mischung aus einem Glas Weißbier und einer Handvoll Kochsalz überstrichen, undurchsichtig werden? Zur Entfernung des Anstrichs waschen Sie die Scheibe mit Sodawasser ab.

… dass man **Besen und Bürsten** niemals auf die Borsten stellen darf, sondern hängend aufbewahren muss? Das erhöht die Lebensdauer.

… dass **Erdnussbutter** ein ideales Reinigungsmittel ist, um Puppengesichter von Tinte zu befreien?

… dass **Seifenreste** nicht am Duschvorhang kleben bleiben, wenn Sie ihn vorher mit Babyöl einreiben? Passen Sie auf, dass nichts davon auf den Boden tropft, das Öl ist glitschig!

… dass man verschmutzte **Legosteine** in einem Kissenbezug bei 30 Grad in der Waschmaschine waschen kann?

… dass **Spielkarten** wieder wie neu werden, wenn man sie mit Kölnischwasser abreibt? Hinterher sollten Sie diese noch polieren.

… dass sich frisch gebackener, haftender **Kuchen** leicht vom Blech lösen lässt, wenn Sie einen Fön darunter halten?

… dass man **Kristallglas** nur mit kaltem Wasser waschen darf? Warmes Wasser macht das Glas stumpf.

… dass man mit **Zwiebelnetzen** bestens groben Schmutz und Insektenleichen von der Windschutzscheibe entfernt? Essigessenz oder Spiritus sind dabei das ideale Reinigungsmittel.

… dass schmutzige **Felgen** am Auto oder Fahrrad sich mit Backofenspray zum Glänzen bringen lassen?

… dass **Babywindeln** statischen Staub von Fernsehschirmen und Computermonitoren aufnehmen? Auch der Kofferraum lässt sich hervorragend mit Windeln auswischen.

… dass sich zäher **Braten oder Gulasch** mit ein bis zwei Gläschen Cognac retten lässt? Begießen Sie das Fleisch und lassen Sie es weitere zehn Minuten schmoren. Und wussten Sie auch, dass Braten von gestern nicht in der Soße aufgewärmt werden sollte, sondern im Wasserdampf?

… dass **Badekappen** ein guter Ersatz für Frischhaltefolie ist und man mit diesen Speisen schützen kann? Und dass die Plastikkappe, aber auch Kaffeefilter, in der Mikrowelle Spritzer verhindern, wenn Sie diese über die Speise stülpen?

… dass man mit Mineralwasser und Magnesiummilch **Zeitungen** über Jahre konservieren kann? Sie müssen das Papier einfach zwanzig Minuten eintauchen und dann trocknen lassen.

… dass man mit Küchentüchern gebratene **Hühnchen** häuten kann? In das Papier einschlagen und kräftig abziehen. Ideal für Diäten, denn unter der Haut ist das ganze Fett.

… dass **Hühner** nicht über den Zaun fliegen, wenn sie einen festen, aber dünnen Faden, zum Beispiel Zahnseide, zehn Zentimeter über den Zaun spannen? Die zugegebenermaßen nicht sonderlich intelligenten Tiere fliegen nämlich möglichst knapp über ein Hindernis und verfangen sich jedes Mal am unsichtbaren Faden.

… dass man mit den Papiertüchern, die man in den Wäschetrockner gibt, auch verbrannte **Bratpfannen** sauber kriegt? Auf die Dreckkruste legen und kochendes Wasser darüber gießen. Am nächsten Tag sollte das Übel rauszukratzen sein. Trocknertücher sind außerdem ideale Staubtücher, besonders dort, wo es sich elektrostatisch auflädt, zum Beispiel am Fernseher, Computer oder auf dem Armaturenbrett. Aber auch Zahnpasta- und Wasserflecken auf dem Spiegel gehen damit weg. Diese chemisch behandelten Tücher deodorieren auch Sneakers, Schubladen und muffige Bücher. Einfach einlegen und einen Tag warten.

… dass angelaufene **Edelstahltöpfe** wieder sauber werden, wenn man Spinat in ihnen kocht? Und Aluminiumtöpfe wieder blank, wenn man auf gleiche Weise mit Rhabarber verfährt?

… dass angebrannte **Lebensmittelreste** sich vom Topfboden lösen, wenn man den noch heißen Topf umdreht und von außen über den Boden kaltes Wasser laufen lässt?

… dass Erwachsene aufgewärmten **Spinat** essen können, Kleinkinder und Babys besser nicht? Und dass man sehr wohl zum Obst Wasser trinken darf?

… dass Milch, mit einer **Zwiebel** erhitzt (aber nicht gekocht!), ein idealer Schlummertrunk für Schlaflose ist?

… dass man mit einem Zahnstocher in eine **Zitrone** sticht, wenn man nur ein paar Tropfen Saft braucht, und so die restliche Frucht für später aufheben kann?

… dass man **Champignons** mit einem Eierschneider schnetzeln kann? Den Kopf sollten Sie nach unten legen.

… dass **Katzen** ihre (flüssige) Medizin nehmen, wenn man sie auf ihr Fell träufelt? Die Katze wird es garantiert abschlecken.

… dass man farbige **Armaturen** im Badezimmer, ob lackiert, vergoldet oder mit Kunststoff beschichtet, nie mit Essig säubern darf, sondern mildes Waschmittel nehmen sollte, weil sonst die Farben abstumpfen?

… dass blanchierter **Spinat** mit Mango-Chutney und Fetakäse angemacht super schmeckt?

… dass die **billigen Produkte** grundsätzlich unten im Supermarktregal stehen?

… dass **Weißwürste** ein guter Ersatz für Hummer und Fisch in vielen Gerichten sind? Aber die bayerische Spezialität nicht mitkochen, nur wie üblich im Wasser erhitzen, bevor man sie zum Beispiel in die Bouillabaisse gibt.

… dass man einen **Schlangenbiss** mit Wasser und Seife auswaschen sollte, aber kein Eis drauflegen darf? Und halten Sie den gebissenen Körperteil unterhalb Ihres Herzens, sonst wandert das Gift noch schneller dorthin.

… dass hübsche **Reishalbkugeln** auf dem Teller gelingen, wenn man den Reis in ein Schälchen füllt und anschließend den Teller auflegt, den man dann zusammen mit dem Schälchen umdreht? Erst danach können Sie die übrigen Speisen auf dem Teller platzieren.

… dass sich **Fliegen** am besten fangen lassen, wenn man zehn bis zwanzig Zentimeter über ihnen in die Hände klatscht? Dann fliegen Fliegen hoch und landen genau zwischen den Handflächen. Geübte fangen die Insekten auf diese Weise mit nur einer hohlen Hand sogar lebend.

# Fleckenfibel von A bis Z

# A

Hochprozentigen **Alkohol** wäscht man sofort mit kaltem Wasser aus, am besten mit einem Schuss Glyzerin. Mit Essigwasser sollten Sie nachspülen.

**Alleskleberflecken** lassen sich mit Nagellackentferner, Terpentin oder Benzin mühelos beseitigen. Oder Sie legen die verklebte Kleidung in die Gefriertruhe und kratzen am nächsten Tag den vereisten Kleber ab. Von Glas und Porzellan kann man mit einfachem Speiseöl Klebreste abrubbeln.

# B

**Beerenflecken** können Sie mit einem sauberen Leinentuch, Wasser und etwas Salmiakgeist oder Terpentin entfernen. Empfindliche und gefärbte Gewebe tupfen Sie mit reinem Alkohol ab. Wenn nötig und möglich, zum Beispiel in weißer Baumwolle, mit dreiprozentigem Wasserstoffsuperoxyd oder mit in heißem Wasser gelösten Zitronensäurekristallen bleichen.

**Bier** können Sie in Baumwollstoffen mit kochendem Wasser auswaschen, Essigessenz lässt Bierflecke verschwinden. Bierflecke auf Samt sofort mit Salmiakgeist zu Leibe rücken.

Wasserkalkspuren auf **Blumentöpfen** lassen sich mit Zahnpasta abbürsten.

**Blut** beseitigt man am besten mit eigenem Speichel oder mit kaltem Wasser. Ältere Blutflecken sollten Sie mit Salz, Sodawasser oder einer aufgelösten Aspirintablette einreiben und anschließend in lauwarmem Seifenwasser auswaschen. Blutflecken in Wolle und Polster entfernt man mit einem Brei aus Stärkemehl und kaltem Wasser. Reiben Sie den Brei ein und lassen ihn an der Sonne trocknen.

Auf **Brandflecken** sollten Sie den Saft einer Zwiebel etwa zwölf Stunden einwirken lassen, dann sind sie hoffentlich verschwunden. Haben Sie Bügelwäsche angesengt, legen Sie eine rohe, ungeschälte Zwiebel auf den Fleck. Oder Sie reiben ihn mit heller, heißer Essigessenz oder einer schwachen Boraxlösung und einem Leinentuch ab und können ihn, wenn möglich, mit drei- bis zehnprozentigem Wasserstoffsuperoxyd bleichen und in die Sonne legen.

Kleine Brandflecken in Holz(möbeln) kann man mit Mayonnaise einreiben, einwirken lassen und mit einem weichen Tuch nachwischen.

Größere Brandflecken können Sie mit einem Siegellackstift ausbessern, erhältlich in allen Farben in Schreibwaren- und Bastelgeschäften. Schaben Sie das Verkohlte ab, spachteln Sie den auf einer Messerspitze erhitzten und geschmolzenen Siegellack hinein und glätten Sie die Stelle. In Bastlergeschäften erhält man auch Holzpaste oder flüssiges Holz in vielen Farbtönen zum Ausbessern.

Verkleckerte **Butter** können Sie mit einem stumpfen Messer abschaben und den Stoff zwischen zwei Lagen Küchenpapier bügeln. Anschließend mit einem in Waschbenzin getränkten Flanelltuch abtupfen.

# C

**Cognacflecken** reiben Sie am besten mit 96-prozentigem Alkohol aus dem Stoff. Das geht noch besser, wenn der Alkohol vorher im Wasserbad erwärmt wurde.

**Cola** können Sie mit einer lauwarmen Lösung aus Shampoo und Wasser auswaschen. Aus Kunstfaserteppichboden bekommen Sie die dunkle Limonade mit Spiritus oder auch Glasreiniger heraus.

# D

**Druckerschwärze** können Sie mit Glück und Vorsicht mit Terpentin zu Leibe rücken. Auf PVC-Böden gießen Sie Speiseöl auf die verschmierte Stelle und reiben sie mit Küchenkrepp ab.

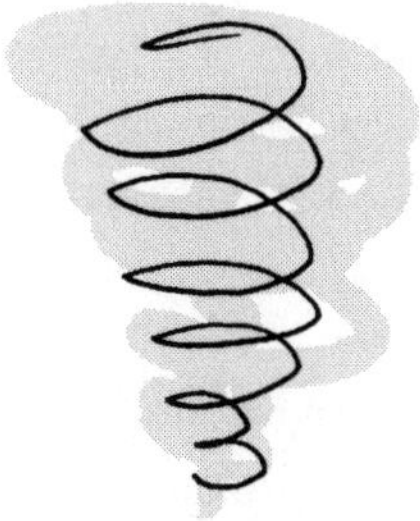

# E

Bei **Edding**-Malereien sollten Sie Nagellackentferner auf ein Abschminkpad tröpfeln und die Kunstwerke abreiben. Doch Vorsicht bei Kunststoff: Aceton greift Plastik an.

Hat jemand mit **Ei** gekleckert, sollte man sofort Salz darüber streuen und antrocknen lassen. Hinterher können Sie alles mit warmem Seifenwasser ausspülen, zur Not mit einem Schuss Alkohol nachhelfen.

**Erde**, Sand und Matsch in der Kleidung? Feuchten Sie die Kleidungsstücke an und bürsten Sie sie aus. Oder Sie weichen sie ein, reiben sie mit Gallseife ein und geben sie dann in die Waschmaschine.

# F

Es ist eines der großen Rätsel der Welt: Warum zieht es ausgerechnet **Fett** so magisch zur Kleidung? Ist das Malheur mal wieder passiert, sollten Sie frische Fettflecke sofort mit Geschirrspülmittel ohne Wasser auswaschen, bevor Sie das Stück in die Waschmaschine geben! Oder Sie bestäuben den Fleck mit Kartoffelmehl und bürsten den Bösewicht nach einer halben Stunde aus. Das eignet sich besonders bei verspritztem Bratöl. Oder Sie nehmen stattdessen Pfeifenerde (aus der Drogerie), da müssen Sie nur fünf Minuten warten. Fett aus Leinen mit dem Messerrücken abkratzen, dann den Stoff zwischen Küchenpapier oder anderes saugfähiges Papier legen und mit mäßiger Temperatur ausbügeln. Bei einer bekleckerten Krawatte drücken Sie mit einem Messer Talkum auf und bürsten den Binder nach einer Weile vorsichtig aus. Eingefettete Baumwolle bade man in fettarmer Milch und spüle sie danach gründlich. Verkleckerte Wolle sollten Sie mit Mineralwasser auswaschen, in schwierigeren Fällen Kernseife oder Waschbenzin auf ein Frotteetuch tropfen oder eine weiche Bürste, zum Beispiel eine alte Zahnbürste, eintunken und den Fleck ausrubbeln.

Samt behandeln Sie vorsichtig mit einem in Terpentin getränkten Flanelltuch.

Aus Leder können Sie frische Fettflecken mit geschlagenem Eiweiß abreiben. Oder Sie kleben einen Flicken aus dem Fahrradreparatur-Set auf und ziehen ihn am nächsten Tag wieder ab.

Ein Fettfleck auf dem Fußboden oder im Holz? Benetzen Sie Löschpapier mit Waschbenzin und reiben Sie den Fleck damit ab. Ölige Flecken auf Möbeln mit einem Brei aus Lehm und Essig bestreichen, trocknen lassen, dann bürsten. Auf der Tapete können Sie Fettflecken dick mit Kreide einreiben und über Nacht einwirken lassen, bevor Sie die Kreide abschaben.

**Filzschreiber** lässt sich mit Alkohol entfernen. Oder, außer bei Flecken auf Kunstfasern, mit Nagellackentferner (Aceton).

**Fliegendreck** entfernt man aus Kleidern mit schwachem, lauwarmem Essigwasser oder Salmiakgeist. Wenn Sie beim Fensterputzen etwas Essig ins Wischwasser geben, vertreiben Sie Fliegen von vornherein.

Fliegendreck auf Metall reiben Sie mit Spiritus ab, auf Möbeln mit Petroleum.

# G

**Glanzflecke** in der Kleidung? Mischen Sie Salmiak und Wasser, bei dunklen Stoffen Kaffee (Verhältnis eins zu zehn) dazugeben, tränken Sie einen Wolllappen damit und reiben Sie die abgeschabte Stelle in Faserrichtung aus. Danach bügeln Sie bei niedriger Temperatur von links.

**Gras**-, Obst- und Weinflecken lassen sich, sofern sie nicht mit Wasser in Berührung gekommen sind, durch Ausreiben mit Spiritus oder Alkohol beseitigen. Ein vielleicht zurückbleibender grauer Schatten verschwindet später in der Wäsche.

Grasflecken kann man auch zunächst mit Butter einreiben und anschließend mit Gallseife auskochen. Oder zuerst mit Zitronensaft angehen.

**Grünspan** sollten Sie mit Essig abreiben oder mit einer Spiritusflamme erhitzen und anschließend abreiben.

**Gummistreifen** von Schuhsohlen auf dem Steinboden oder Abrieb von Gaspedalen können Sie einfach mit einem Radiergummi entfernen.

# H

**Harzflecken** werden zunächst mit Wasser und Terpentinöl eingerieben, anschließend mit einem Löschblatt abgedeckt und bei mäßiger Hitze ausgebügelt. Oder mit Butter einreiben und nach einer kurzen Einwirkzeit ganz normal auswaschen. Hartnäckige Harzflecken lassen sich mit Silikonentferner beseitigen.

**Heidelbeer**- und Obstflecken greift man mit Sodawasser, Buttermilch, einer Lage Joghurt, Zitronensaft oder verdünntem Salmiakgeist an. Vorsicht bei nicht farbechten Stoffen.

Fingerabdrücke auf **Holzmöbeln**: Tunken Sie einen Waschlappen in warmes Bier und reiben Sie das Holz in Richtung der Maserung kräftig ein. Anschließend mit einen trockenen Tuch nachpolieren.

# J

**Jodflecken** sollte man sofort mit heißem Wasser und Salmiakgeist betupfen. Oder mit einer Kartoffelhälfte abreiben und danach so lange mit klarem Wasser nachspülen, bis der Fleck weg ist.

# K

Mit **Kaugummi** verklebte Kleidung sollte man ins Gefrierfach legen. Wenn der Kaugummi steif gefroren ist, lässt er sich recht einfach abkratzen. Im Teppich besprühen Sie das verklebte Stück mit Vereisungsspray. Sollten Flecken zurückbleiben, mit Kartoffelmehl bestäuben und nach einer Viertelstunde abbürsten. Oder Sie verwenden Benzin beziehungsweise Aceton.

Im Haar können Sie verklebte Bubble Gums mit Hautcreme, Cola oder Babyöl entfernen. Streichen Sie so lange mit einem trockenen Tuch durch das eingefettete Haar, bis der klebrige Knoten ausgerieben ist.

Frische **Kaffeeflecken** können Sie mit Salzwasser auswaschen, oder Sie geben Salz auf ein feuchtes Tuch und tupfen damit die Flecken weg.

Kaffeeflecken können auch mit kalter Milch eingerieben und mit Seifenwasser nachgewaschen werden.

Ob **Kalkflecken** im Waschbecken oder Obstflecken in Geweben, mit Buttermilch gehen sie raus: eine Stunde lang einweichen, dann ab- oder auswaschen!

Im Waschbecken lassen sich Kalkränder mit Putzmittel für Ceranherde oder einer Paste aus gleichen Teilen Essig und Salz entfernen. Kalk in Thermoskannen, Teekesseln und Luftbefeuchtern kann mit Gebissreiniger gelöst werden.

**Karottenflecken** sollten Sie vor der normalen Wäsche in Schmierseife einweichen.

**Ketchupflecken** sollte man vor der Maschinenwäsche mit kaltem Wasser auswaschen.

**Kirschflecken** in der Wäsche wäscht man in Seifenwasser aus und legt sie einen halben Tag in Buttermilch ein.

Malereien mit **Kuli**, Wachsmalstift oder Filzstift kriegt man mit den Allzwecktüchern von Domestos ab. Hat man die nicht zur Hand, dann funktioniert es auch erstaunlich gut mit Babyfeuchttüchern. Manchmal hinterlassen diese einen leichten Fettfleck, aber dem kann man später mit etwas Spülmittel zu Leibe rücken. Kuliflecken kann man aber auch mit Haarspray einsprühen und nach kurzer Einwirkzeit normal mit einem Schuss Essig waschen.

Wenn man trockene Kugelschreiberflecken vor der Wäsche mit Haarspray einsprüht, gehen diese beim anschließenden Waschen wieder heraus.

Kugelschreiberflecken in Wollsachen entfernt man am besten mit einem Wattebausch, den man zuvor in Kölnischwasser getaucht hat.

Kugelschreiberflecken auf Holz lassen sich mit Essigessenz oder auch natriumfluoridhaltiger Zahnpasta entfernen.

# L

**Leimfarbflecken** lassen sich nach Malerarbeiten schnell entfernen, wenn man dem Wischwasser eine Handvoll Zucker hinzugibt. Für Fensterscheiben nimmt man ein Fünfcentstück, taucht es in das Wischwasser und wischt kreisförmig über die Farbtupfer. Leim von Möbeln entfernen Sie mit einem Tuch, das mit Gesichtscreme, Margarine oder Speiseöl getränkt wurde.

Um **Lippenstift** an Gläsern und Tassen restlos zu entfernen, reibt man die Spuren vor dem Spülen mit etwas Salz ab.

Lippenstiftflecken entfernt man aus Kleidern am besten mit Terpentin, reinem Alkohol oder Gallseife. In hartnäckigen Fällen trägt man Glycerin auf und spült dann warm nach.

# M

**Make-up-Flecken** lassen sich am besten mit Feuchttüchern abreiben und merkwürdigerweise an dunkler Kleidung auch mit Brot.

Am Kragen können Sie es genauso gut mit auf Küchenpapier gesprühtem Glasreiniger probieren.

Flecken auf **Marmor** werden mühelos durch eine halbierte Zitrone entfernt. Auf keinen Fall mit Haushaltsputzmitteln behandeln!

**Milchflecken**, wie alle Eiweißflecken (Blut, Sperma), vor der normalen Wäsche kräftig kalt ausspülen.

# N

**Nagellackflecken** auf Kleidung bekommt man mit Nagellackentferner in den Griff. Anschließend sollten Sie diese mit Spiritus nachbehandeln und dann in die Wäsche geben. Allerdings ist es sinnvoll, zuvor an einer unauffälligen Stelle zu testen, ob der Stoff Aceton verträgt.

# O

**Obstflecken** in nicht kochfesten Geweben werden mit Essig beträufelt und dann in einer lauwarmen Seifenlauge gewaschen. Sind die Flecken nicht verschwunden, legen Sie die Kleider in Buttermilch ein. Ein Schuss Zitronensaft unterstützt dabei. Damit können Sie sich auch die Hände waschen, wenn Sie zu lange in den Blaubeeren waren.

Auch im Wasserbad erhitzter reiner Alkohol und Salmiakgeist sind probate Mittel gegen Erdbeere & Co.

Gegen **Ölflecken** hilft am besten Waschbenzin. Alternative bei empfindlichen Stoffen sind Zitrone oder Butter. Aus Naturstein verschwinden sie hoffentlich, wenn Baby-Puder einen halben Tag das Öl aufsaugt. In der Garage können Sie ausgelaufenes Motoröl mit Katzenstreu wieder einfangen.

# P

Verschüttetes **Parfüm** sollte man mit reinem Alkohol behandeln. Frische Parfümflecken können Sie mit einem Erfrischungstuch ausreiben.

Flecken im **Porzellan** reiben Sie am besten mit einem nassen, in Salz getauchten Korken aus.

# R

Aus Stoffen (abgesehen von Seide) können Sie **Rostflecken** mit dem Saft einer reifen Tomate abwaschen und in der Sonne trocknen lassen. Auch die Allheilmittel warmer Zitronensaft und Zahnpasta entrosten Textilien.

Oder Sie weichen die Kleidung in einer Mischung aus Oxalsäure, Essigessenz und warmem Wasser ein und waschen sie anschließend in der Waschmaschine. Ein anderer Rostentferner ist eine Paste aus gleichen Teilen Glaubersalz und Weinsteinsäure.

Terpentin entfernt Rostflecken auf Stahlmöbeln. Cola eignet sich hervorragend, um Rostflecken auf Metallgegenständen zu entfernen: Tunken Sie Alufolie in die braune Brause und schmirgeln Sie die hässlichen Rostnester weg. Oder Sie streichen eine Paste aus Salz und Essig auf die Flecken, lassen sie eine Stunde einwirken und spülen sie danach weg.

**Rote-Bete-Flecken** muss man sofort in kaltem Wasser auswaschen und einweichen. Danach sollte Borax auf den Fleck gegeben und mit heißem Wasser nachgespült werden.

Über **Rotweinflecken** sollte sehr schnell Salz gestreut werden. Dann muss der Fleck auswaschen werden.

Bei Rotweinflecken auf dem Teppich wirken sprudelndes Mineralwasser, aber auch Weißwein (bei ganz frischen Flecken) Wunder.

Feuchten Sie **Rußflecken** niemals an. Bestreuen Sie diese lieber dick mit Salz. Sie lassen sich auch mit Brotrinde entfernen: einfach mehrmals über die Stelle wischen – fertig. Rußflecken im Teppich werden mit Rasierschaum entfernt.

# S

**Schneeränder** an Schuhen können Sie kräftig mit einer Zwiebelhälfte abreiben. Bei dunklen Wildlederschuhen sollte man sie mit Kaffee ausbürsten, Lackschuhe mit einem Schwamm, der mit destilliertem Wasser getränkt wurde, behandeln.

**Schmieröl** sollten Sie mit Butter einreiben und eine Viertelstunde einwirken lassen, anschließend heiß in Seifenlauge waschen.

**Schokoladenflecken** sollten Sie zunächst mit lauwarmem Seifenwasser oder warmer Milch ausreiben, danach mit klarem Wasser ausspülen, mit Zitronensaft beträufeln und anschließend erneut gründlich ausspülen.

**Schuhcremeflecken** bekommt man recht gut mit Terpentin in den Griff.

Auf **weißen Schuhen** bedeckt Tipp-Ex Kratzer und Flecken.

**Schweißränder** in leichter Kleidung lassen sich am besten mit Essig auswaschen. Weichen Sie Wäsche in handwarmem Essigwasser (ein Schuss auf zwei Liter) etwa eine Stunde ein und geben Sie sie danach in die Waschmaschine. Schweißflecken in Seide werden dagegen mit Spiritus ausgerieben.

**Sektflecken** sollten niemals mit Seifenwasser, sondern lediglich mit reinem, lauwarmem Leitungswasser ausgewaschen werden.

Flecken von **Sonnenöl** mit Kartoffelmehl bestreuen. Zehn Minuten einwirken lassen, dann das Mehl mit dem Öl zusammen ausreiben und die Kleidung waschen.

**Sperma** in Kleidung sollte man mit Zitronensaft einreiben und anschließend trocknen lassen. Danach mit kaltem Wasser, möglichst Sodawasser, auswaschen.

**Spinatflecken** kann man mit einer rohen Kartoffelhälfte einreiben. Dann ist es wichtig, gut nachzuspülen.

**Stempelfarbe** an Fingern und Fingernägeln lässt sich ohne weiteres entfernen, wenn die betreffenden Stellen mit Deodorant eingesprüht wurden.

Stempelfarbe auf Stoffen betupft man mit Glycerin, um dann die Stelle mit einem Gemisch aus gleichen Teilen Wasser, Essig und Salz auszuwaschen.

Bei Schimmel- und **Stockflecken** sollten Sie die Wäsche vor dem Waschgang einige Stunden in Buttermilch, Essigwasser oder Molke einweichen.

# T

Fettflecken auf einer **Tapete** reibt man vorsichtig dick mit Kreide ein. Über Nacht lässt man die Kreide einwirken und staubt diese dann ab. Flecken auf der Raufasertapete können Sie mit einer Paste aus Backpulver und Wasser zuspachteln und nach zwei Stunden abschaben.

Frische **Teeflecken** reibt man unverzüglich mit Sahne oder Zitronensaft ein und wäscht mit Seifenwasser nach. Oder mit kochendem Wasser übergießen, mit Glyzerin einreiben und in klarem Wasser ausspülen. Eingetrocknete Teeränder können Sie mit Baby-Feuchttüchern ausreiben und über Nacht in Borax-Lösung einweichen.

**Teerflecken** in Textilien und auf der Haut sollte man mit Petroleum ausreiben oder dick mit Butter einschmieren und einziehen lassen, dann normal waschen.

Teerflecken auf Holz- und Linoleumböden bearbeiten Sie am besten mit Bohnerwachs.

**Tintenflecken** sollten Sie sofort mit Salz bestreuen, anschließend Essig oder Spiritus daraufträufeln und ausreiben. Oder mit Milch beziehungsweise warmem Zitronensaft einreiben, eintrocknen lassen und dann mit lauwarmer Seifenlauge auswaschen.

**Tomatenflecken** sollte man schnellstens mit einer lauwarmen Seifenlauge oder einer Salmiaklösung auswaschen und danach gut eingeweicht in die normale Wäsche geben.

Fingerabdrücke auf lackierten **Türen** verschwinden, wenn man sie mit etwas Zahnpasta auf einem weichen Lappen abreibt.

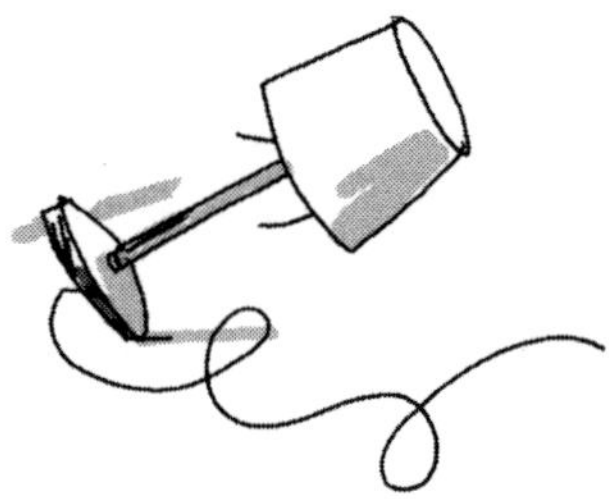

# U

**Urinflecken** sollten zunächst mit viel Salz abgerieben und dann mit Wasser ausgewaschen werden. Bei hartnäckigen Flecken kann man mit Ammoniak nachbehandeln, danach den Fleck mit Essiglösung abtupfen und erneut waschen.

# V

**Vogeldreck** wäscht man am besten mit Seifenwasser aus. Möglich ist auch eine Mischung aus Zitronensaft und Essig oder Waschbenzin.

# W

**Wachsflecken** sollte man mit Wärme oder Kälte behandeln: Mit dem Fön anblasen und weich abwischen, mit Löschpapier abdecken und bei mittlerer Temperatur ausbügeln. Oder Sie legen die bekleckerte Hose in das Gefrierfach und kratzen das hart gefrorene Wachs ab. Mit Verdünner können Sie eventuelle Reste entfernen. Aus dem Teppich lässt sich Wachs mit Geschirrspülmittel ausreiben.

**Wand- und Deckenfarbe** in Kleidung beseitigt man, indem man die Flecken vor dem Waschen in Tapetenlöser einweicht. Lackfarben werden dagegen besser mit Terpentin aufgeweicht.

**Wasserflecken** auf Möbeln verschwinden, wenn man sie mit Zahnpasta, feuchter Zigarettenasche, Petroleum oder einem Salatöl-Salz-Gemisch einreibt und dann mit einem weichen Tuch poliert. Anschließend geben Sie Möbelpolitur darauf.

# Register